EmotionalKörper-Therapie

1. Vorgespräch
2. „Nimm eine bequeme Position ein."
3. „Schließe deine Augen."
4. „Atme fließend."
5. Energiefluss-Unterstützung durch den Begleiter
6. „Verbinde dich mit dem, was dir heilig ist."
7. „Sage laut: ‚Ich bitte um höhere Führung und um Unterstützung.'"
8. Der Weg nach innen

   a) Offenes Thema: „Lenke deine Aufmerksamkeit in deinen Körper und spüre nach"

   b) Arbeit an einem selbst gewählten Thema

   c) Beginn mit einem Wohlgefühl
9. „Mein Schmerz, ich spüre dich."
10. „Mein Gefühl, ich danke dir."
11. „Mein Gefühl, ich liebe dich."
12. „Mein Schmerz, kann ich etwas für dich tun?"
13. Positive Gefühle einladen
14. Danken
15. Hilfen und weiterführende Maßnahmen

Susanna Lübcke
Anne Söller

EmotionalKörper-Therapie

Glücklich und gesund
durch die Heilung der Gefühle

Susanna Lübcke
Anne Söller

EmotionalKörper-Therapie

Glücklich und gesund
durch die Heilung der Gefühle

© verlagM, Birgit Zart, Tremmen, April 2009
Unveränderter Nachdruck 2012
Alle Rechte vorbehalten

Lektorat: Silke Uhlemann
Umschlaggestaltung, Herstellung, Satz: Gisela Haase
Verlagsservice: Equinox.Print, Wiesloch
Druck und Bindung: Gutenberg Press, Tarxien
Printed in Malta

ISBN 13: 978-3-9811742-3-6

Bildnachweis:
© Gisela Haase

Inhalt

Danksagung

Ein ganz herzliches Dankeschön unseren Herausgeberinnen Birgit Zart und Heike Wischer für ihre vielfältigen Ideen, anregenden Gespräche und ihre redaktionelle und praktische Unterstützung während des Projekts.

Dankbar sind wir Gisela Haase für die grafische Gestaltung. Ihre Feinfühligkeit für diese Arbeit macht sie zu einer besonderen Persönlichkeit.

Imke Haack möchten wir für ihre professionellen, tatkräftigen Anregungen und für ihre kooperative und motivierende Unterstützung beim Entstehen des Buches unseren herzlichen Dank aussprechen.

Unser besonderer Dank gilt allen, die während der Ausbildung zur EmotionalKörper-Therapeutin / zum EmotionalKörper-Therapeuten mit uns aufschlussreiche Gespräche geführt und mit ihrem Feedback Anregungen gegeben haben.

Tiefen Dank empfinden wir gegenüber all denjenigen, deren Fallbeispiele wir in diesem Buch veröffentlichen dürfen.

Dr. med. Susanna Lübcke   *Anne Söller*
Ärztin, Allergologin   Physiotherapeutin

Einleitung

EmotionalKörper-Therapie – was verbirgt sich hinter diesem Begriff? Was ist darunter zu verstehen? Wo wird sie eingesetzt? Wie wirkt sie? Bevor wir diese und noch viele andere Fragen beantworten, möchten wir uns zunächst kurz vorstellen und dann erläutern, wie es zur Entwicklung der EmotionalKörper-Therapie, die viele Menschen inzwischen ganz einfach „EKT" nennen, gekommen ist.

Wir, das sind Anne Söller und Susanna Lübcke, lernten uns durch eine gemeinsame Freundin, Dorothea von Stumpfeldt, kennen. Gemeinsam mit Dorothea entwickelten wir in den Jahren 1990 bis 1993 die EKT. Dorothea bietet heute Einzeltherapien und Ausbildungen unter dem Namen emotionale prozess arbeit (epa) in Berlin in ihrem gleichnamigen Institut an. Ihr Buch: „Eine Heilsame Begegnung mit der Inneren Welt" erschien 2007 im Stapp Verlag Berlin.

Wir, Susanna und Anne, blieben bei dem Namen „EmotionalKörper-Therapie". Wir bieten seit Jahren Einzeltherapien und EKT-Ausbildungsseminare in Deutschland und Österreich, der Schweiz und in den USA an. Aus unseren Tausenden von Erfahrungen ist dieses Buch entstanden.

Bevor wir uns kennen lernten, haben wir in unseren jeweiligen Berufen unser Bestes gegeben und die Gesundwerdung der Patienten in den Mittelpunkt unserer Arbeit gestellt. Trotz mancher Erfolge stießen wir jedoch irgendwann an unsere Grenzen. Wir fühlten uns unzufrieden, verzweifelt und wurden krank. Zu diesem Zeitpunkt lernten wir uns kennen. Wir stellten fest, dass uns die gemeinsame Sehnsucht verband, neue Wege zu gehen, um kranken Menschen beim Gesundwerden zu helfen. Während unserer Entwicklung dorthin wurden wir immer mutiger, nicht alltägliche Dinge auszuprobieren und im medizinisch-therapeutischen Bereich Ungewöhnliches zu wagen.

Über einen Zeitraum von mehreren Jahren entwickelten wir die EmotionalKörper-Therapie, die wir als eigenständige Therapie und als Ergänzung zur naturwissenschaftlich orientierten Medizin ansehen. Für uns wurde sie zu einem Lebensprinzip, das unserem Leben eine neue und sinnvolle Richtung gegeben hat.

Die EKT ist eine Erfahrungswissenschaft. Sie ist geboren aus reiner Neugierde, denn es gab keine Lehrer und keine Bücher, an denen wir uns orientieren konnten. Die gesamte Methode ist aus eigenen Erfahrungen aus der Praxis des Erlebens entstanden.

Die Entstehungsgeschichte der EKT ist gleichzeitig die Geschichte unserer persönlichen Entwicklung. Es ist eine Geschichte, die dem Archetypus des „verwundeten Heilers" entspricht, ein Begriff, den Carolyn Myss einst geprägt hat. Der „verwundete Heiler" erlebt die Verwundung am eigenen Leib und heilt sich selbst. Aus seiner Erfahrung des Leids und der Verwundung entwickeln sich sein Verständnis, sein Mitgefühl und sein Einfühlungsvermögen für seine Mitmenschen sowie die Gabe, diese Menschen auf ihrem Weg zu begleiten und ihre Genesung zu unterstützen.

Erläuterung

Der Einfachheit halber ist in unserem Buch von *dem* Klienten und *dem* Begleiter als übergeordneter Begriff die Rede. Hier sollen sich natürlich Frauen und Männer angesprochen fühlen.

Annes persönliche Erfahrung mit der EKT

Es war etwas ganz Normales für mich, Rückenschmerzen zu haben. Der Orthopäde fand mehrere Gründe dafür und konnte sie auf den Röntgenbildern belegen: Ein Bein, das einen Zentimeter kürzer ist als das andere, eine Skoliose, die sich in Folge dessen gebildet hatte, und Abnutzungserscheinungen an den Bandscheiben. Jahrelang versuchte ich durch physikalische Anwendungen und spezielle Rückenübungen die Schmerzen mehr oder weniger erfolgreich zu bekämpfen. Meine Beschwerden verschlimmerten sich jedoch drastisch, als ich während einer Indienreise auf einer harten Matte auf dem Boden schlafen musste. Sie wurden nachts unerträglich und hielten auch tagsüber an. War es Zufall, dass ich kurz vor meiner Reise Dorothea von Stumpfeldt begegnet war? Wir hatten zuvor gemeinsam eine Fortbildung für Komplementärmedizin besucht und beschlossen, uns auf dieser Auslandsreise näher kennen zu lernen.

Dorothea sah mein Leiden und kam auf die Idee, die neuen Erfahrungen der gemeinsamen Fortbildung an mir auszuprobieren. Dass sie damit sehr kreativ umging, war mir egal. Ich wusste nur, schlimmer als zu diesem Zeitpunkt konnten die Schmerzen kaum werden. Ich lag auf dem Bauch und konnte nicht sehen, was sie tat. Sie forderte mich auf, ihr mitzuteilen, wenn ich etwas wahrnehmen würde, positiver wie negativer Art. Ich informierte sie über alles, was ich spürte, und so entstand ein Dialog zwischen uns. Plötzlich waren meine Schmerzen im Rücken weg. Ich war so verwundert darüber, dass ich dachte: „Das kann ja gar nicht sein!" Und schwupp, waren sie wieder da. Da bat mich Dorothea: „Vielleicht kannst du es dir ja fünf Minuten lang erlauben, ohne Schmerzen zu sein." Darauf konnte ich mich einlassen und spürte gleichzeitig eine große Traurigkeit darüber, dass mein Körper so viele Jahre diese Schmerzen hatte ertragen müssen. Ich fühlte mich weicher werden und dankte der Traurigkeit, dass ich sie spüren durfte. Ich konnte sie annehmen, sie war ja ein Teil von mir. Und dann blieben die Schmerzen weg. Sie kamen bis heute nicht wieder. Das war für mich die Geburt der *EmotionalKörper-Therapie*.

Meine Geschichte ist damit aber noch nicht beendet. Neun Monate nach unserer Reise war ich zwar noch immer schmerzfrei, wollte aber mit meinen fünfzig Jahren zum ersten Mal in meinem Leben eine Kur bei der Krankenkasse beantragen. Hierfür musste mein Orthopäde eine aktuelle Röntgenaufnahme von meiner Wirbelsäule anfertigen. Er zeigte mir die Aufnahme mit den Worten: „Mit so einer schönen Wirbelsäule bekommen Sie leider keine Kur." Die Wirbel lagen optimal übereinander, eine Bandscheibe sah gesünder aus als die andere – im Gegensatz zu der Röntgenaufnahme, die er fünf Jahre zuvor aufgenommen hatte.

Das war der Beweis für mich, dass die Veränderung auf meiner emotionalen Ebene sich auch auf meine körperliche Ebene ausgewirkt hatte und zu dieser positiven Gesundung führen konnte.

Susannas persönliche Erfahrung mit der EKT

Ich studierte Medizin, weil meine Neugier mich dazu trieb, herauszufinden, wie „Menschsein" funktioniert. Ich wollte mich und die Menschen kennen und verstehen lernen. An der Universität lernte ich vieles, aber nicht das Erhoffte. Mir fehlte ein Aspekt, den ich damals noch nicht benennen konnte. Es war eine Ahnung, eine Intuition, dass hinter all diesem theoretischen Wissen andere Dimensionen verborgen sein mussten. Nach einigen Kursen in Psychologie belegte ich einen Volkshochschulkursus „Autogenes Training – Oberstufe". Dort erlebte ich zum ersten Mal eine andere Sichtweise des Menschen, ein inneres Bild, eine Vision. Ich war überrascht, glücklich und wie berauscht und belegte gleich den nächsten Kurs. Leider konnte ich meine Freude nicht mit meinen Kommilitonen teilen, weil mich damals keiner von ihnen verstand.

Also führte ich mein Leben wie bisher fort, wurde Ärztin, arbeitete in meiner eigenen Praxis, hatte einen Freund, das Leben war gut. Bis zu dem Tag, als mein Freund mich verließ und meine Augen am akuten Grauen Star erblindeten; ich war damals fünfunddreißig Jahre alt. Die Operation des einen Auges, zu dieser Zeit noch sehr aufwendig, wurde ein Misserfolg. Ich verfiel in eine tiefe Depression, die mich monatelang arbeitsunfähig machte. Ich aß und trank nicht mehr, lag apathisch im Bett und schlief zwanzig Stunden am Tag. Und ich weinte. Mein Kopf war völlig leer, ich hatte mich dem Sterben hingegeben. Ich erinnere mich, wie sich eines Nachts mein innerer Körper von meiner äußeren Körperhülle trennte, sich verflüssigte und dieses Fluidum aus meinem Kopf ausströmte, aufwärts. Dieses Fluidum – war das mein Bewusstsein? – geriet in einen Tunnel und wurde mit unendlicher Geschwindigkeit nach oben bewegt. Ein tiefer Frieden breitete sich in mir aus – ich war im Zustand der Glückseligkeit. Das Denken, die Trauer, die Sorgen, alles hatte aufgehört zu existieren. Viele Stunden später erwachte ich, ein wenig enttäuscht darüber, dass ich wieder „da" war.

Nach diesem Erlebnis bekam ich eine äußerst schmerzhafte Nieren-kolik, die mir sprichwörtlich das Leben rettete. Wegen der Kolik be-gann ich wieder Flüssigkeit zu mir zu nehmen, um diesen höllischen Schmerzen zu entrinnen. Das war der Wendepunkt.

Nun kam mir ein guter Freund zu Hilfe, der von einem Heiler in Bagio auf den Philippinen wusste. Er organisierte meine Reise dorthin, und so wurde ich zwei Wochen lang täglich von Jan Labo, dem Heiler, be-handelt. Seine Behandlungen fanden in einer kleinen Kapelle inmit-ten eines paradiesischen Gartens statt. Obwohl wir uns nicht verstän-digen konnten und an meinem Auge äußerlich nichts zu erkennen war, berührte er bei unserer ersten Begegnung zielsicher mein linkes Auge. Wie konnte er das nur wissen? Mein Verstand begriff das nicht und konnte die Behandlungen nicht einordnen. Ich wusste nur, sie ta-ten mir gut, sie gaben mir Kraft. Während einer dieser Behandlungen kam mir der Gedanke: „In sieben Jahren kann ich das auch." Ich hatte für diesen Gedanken keine logische Erklärung und so nahm ich ihn einfach nur an – ohne Wertung.

Ein paar Monate nach dieser Reise wurde mein Auge gegen den Rat der Ärzte erneut operiert, diesmal mit Erfolg! Ich ließ die Zeit meiner tiefsten Depression hinter mir.

Im darauffolgenden Frühjahr traf ich Dorothea von Stumpfeldt, die mir voller Enthusiasmus von ihrer Zusammenarbeit mit Anne Söller und ihrer gemeinsam entwickelten neuen Behandlungsform berich-tete. Ich wagte es, mich von beiden behandeln zu lassen. Ich hatte so etwas noch nie erlebt. Ich tauchte in meine Gefühle ein, ich weinte, ich erlebte innere Bilder und am Ende der Behandlung war mein ge-samtes Wesen mit Hoffnung erfüllt. Von Depression war keine Spur mehr. Endlich hatte ich gefunden, was ich all die Jahre gesucht hatte! Das Gefühl, nach Hause gekommen zu sein, erfüllte mich mit Demut. Von nun an trafen wir uns regelmäßig zu dritt und nannten unsere Treffen *Heilige Verabredungen*. Drei Jahre lang arbeiteten wir jeden Mittwoch miteinander.

Schon in den ersten Monaten der Zusammenarbeit mit Anne und Dorothea ging es mir deutlich besser. Ich konnte wieder in meiner Praxis arbeiten und die Depression hatte sich auf Dauer aufgelöst. Sie ist bis heute nicht wiedergekommen. Auch meine Augen wurden erstaunlich besser. Ich konnte wieder Autofahren und lesen. Da ich niemals ein Medikament eingenom-

men hatte, habe ich wohl die meiste Heilung der EKT zu verdanken. In unseren *heiligen Verabredungen* ließen wir uns führen von unserer Intuition und unserer Experimentierfreudigkeit, denn wir fanden keinerlei Literatur zu diesem Thema. Wir halfen uns dabei gegenseitig, innere Grenzen zu überschreiten und neue Erfahrungen zuzulassen. Unsere Sinneswahrnehmungen erweiterten sich und wir nutzten diesen Wahrnehmungszustand in der Behandlung, während wir uns oder andere Menschen „begleiteten". Am Ende dieser drei Jahre hatten sich die Behandlungen zu einer Form entwickelt, die als Grundprinzip heute noch ihre Gültigkeit hat. Wir gaben ihr den Namen: *EmotionalKörper-Therapie.*

EmotionalKörper-Therapie (EKT) – was verstehen wir darunter?

Definition

Die EmotionalKörper-Therapie ist eine sanfte Heilmethode, die uns helfen kann, verdrängten Gefühlen, seelischen Blockaden und körperlichen Beschwerden in Liebe nahe zu kommen, um sie aus ihren Verstrickungen zu lösen. Allein oder mit einem Begleiter an unserer Seite besuchen wir bekannte und unbekannte Räume in unserem Inneren. Wir kommen durch die EmotionalKörper-Therapie in Kontakt mit all unseren Gefühlen, die wir dort vorfinden, erleben ihre reine, ursprüngliche Kraft und lernen in gesunder Weise mit ihnen umzugehen. Viele Antworten kommen intuitiv aus unserem Inneren, und mit einer so erweiterten Sichtweise erreichen wir erstaunliche Ergebnisse.

Die Grundlage unserer Arbeit ist die Liebe zu unseren Mitmenschen. Liebe meint auch Eigenschaften wie Mitgefühl, Verzeihen, Geduld, Klarheit, Offenheit und Annahme. Indem wir unseren Klienten Empathie und Verständnis entgegenbringen, enthalten wir uns jeder Kritik, jedes Urteils und jeder Schuldzuweisung. Wir respektieren ihre Bedürfnisse und ihr Leid, wir nehmen ihr Leid an und helfen ihnen, das Leid zu transformieren. Sobald ein Mensch erfährt, dass hinter der Leidensschicht seine wahren Schätze zu finden sind, wird er neue Gefühle und Qualitäten in seinem Körper wahrnehmen. Dies dient seinem Selbstheilungsprozess ebenso wie seinem emotionalen Wachstumsprozess.

Wirkungsweise

Körper und Gefühle stehen in wechselseitiger Beziehung zueinander und lassen sich nicht trennen. Fühlen wir uns körperlich fit und ausgeschlafen, haben wir meist gute Laune und sind leistungsfähig. Quälen uns dagegen Kopf- oder Rückenschmerzen, sind wir eher gereizt, ungeduldig und wenig aufnahmefähig für Neues. Diese Verknüpfung ist so eng, dass man oft nicht sagen kann, was zuerst da war, die körperlichen Beschwerden oder das seelische Leid.

Die neurologischen Erkenntnisse der letzten Jahre besagen, dass jeder Sinnesreiz, den wir über unsere Augen, Ohren, Haut oder über unseren Mund wahrnehmen, von uns eine emotionale Bewertung erhält. Je tiefer und eindrucksvoller die emotionale Erfahrung bei einem Erlebnis ist, desto tiefer gräbt sie sich ins Gedächtnis ein. Starke Gefühle – sowohl positive, wie das erste Verliebtsein, als auch negative, wie der Schmerz bei der Trennung von einer geliebten Person – werden in unserem Emotionalkörper sowie im Emotionszentrum des Gehirns, dem limbischen System, in Bildern oder Geschichten abgespeichert. Später genügt es oft, ein bestimmtes Lied zu hören, einen besonderen Duft zu riechen, um uns an die Person und die gesamte Situation, die damit verbunden war, zu erinnern. Das bedeutet: Jede mentale Erinnerung erhält ihre emotionale Verknüpfung. Wenn wir uns heute an eine bestimmte Situation aus einer bestimmten Zeit erinnern, dann reagiert unser Emotionalkörper mit allen Gefühlen

Yagecode

aus dieser Zeit, weil er nicht erkennen kann, dass das Erlebte lange vorbei ist.

Auf diese Weise beeinflussen Gefühle alle Gedanken und Reaktionen sowie das Verhalten und Handeln eines Menschen. Um Erinnerungen, die wir früher als schrecklich erlebt haben, nicht noch einmal erleben zu müssen, verdrängen und vergessen wir sie und halten sie unter Verschluss. Das verlangt einen sehr hohen Energieaufwand, der uns in anderen Lebensbereichen fehlt. Wir blockieren uns damit selbst. Längerfristig kann solch eine Blockade zu Energiestau und in

der Folge zu Schmerzen und Krankheit, chronischen Sorgen, Ängsten und Depressionen führen. Wir kennen diese Ansicht aus der traditionellen chinesischen Medizin: Sie geht davon aus, dass die Gefühle wie Sorgen, Kummer, Trauer, Wut und Angst, falls sie nicht verarbeitet werden, das CHI, die Lebensenergie, blockieren. Und blockierte Lebensenergie führt zu Schwäche und Krankheit, sie blockiert unser Wesen, unser ganzes Sein. In der EKT wenden wir uns gerade diesen Blockierungen zu und bearbeiten sie.

Die EKT nutzt die neuen Erkenntnisse der Medizin, wonach die Umprogrammierung von Krankheit zur Gesundheit im Körper eines Menschen – auch durch Neubildung von Nervenzellen und Ausschüttung von Glückshormonen – bis ins hohe Alter möglich ist.

18

In der EKT geht der Körper in eine tiefe, erholsame Entspannung, in der sich der gesamte Organismus regenerieren und neue körpereigene Kräfte aktivieren kann. Ähnlich einer Meditation schalten auch in der EKT unsere Hirnareale auf Ruhe um. In dieser Phase arbeiten die rechte und die linke Gehirnhälfte synchron im messbaren Alphawellenbereich zusammen. Im Prinzip handelt es sich um den Bereich zwischen Schlafen und Wachen. Wir sind sehr gelöst, können zwar hören und sprechen, nehmen jedoch Zeit und Raum verändert wahr. In diesem Zustand können wir leicht in Kontakt mit unserer inneren Quelle, unserer Essenz kommen. Wenn wir unsere Gefühle in unser Bewusstsein holen, können wir sie befreien und damit unsere Selbstheilungskräfte stärken.

EFT

Der Gebrauch von Imagination, der Vorstellungskraft eines Menschen, um bestimmte Ziele zu erreichen, ist Jahrtausende alt und findet sich in fast allen Kulturen, beispielsweise im Raja-Yoga, im Druidentum, im Schamanismus. Im Buddhismus gibt es beispielsweise eine Meditationsübung, „Chöd" genannt, die der EKT ähnlich ist. Auch sie arbeitet mit inneren Bildern und gibt dem Problem eine Form. Das Problem wird nicht als Feind, sondern als Teil des Menschen gesehen. Allerdings bleibt man bei der Übung in der Imagination und arbeitet nicht mit den Gefühlen.

Bei einem körperlichen Krankheitssymptom gehen wir normalerweise zum Arzt oder in die Apotheke, um wieder gesund zu werden. Wir nehmen Medikamente ein, machen eine Diät, lassen uns operieren und kümmern uns um alles, von dem wir meinen, dass es unserem Körper gut tun würde. Bei seelischen Problemen suchen wir möglicherweise Beistand in der Familie, bei Freunden oder einem

Psychologen. Die EmotionalKörper-Therapie wendet sich beiden Erscheinungsbildern zu, den körperlichen und den seelischen Problemen – oft innerhalb einer Sitzung. Sie löst Blockaden und bringt die Energie der Selbstheilungskräfte wieder zum Fließen. Damit verbessert sich körperliches und seelisches Wohlbefinden des Klienten, er fühlt sich gestärkt, freier und motiviert, sein volles Potenzial leben zu wollen. Mit der EKT ist es möglich, das Selbstvertrauen des Klienten zu stärken und ihn wieder in die Lage zu versetzen, Selbstverantwortung für sich zu übernehmen. Und dies trägt zu seiner Genesung bei. Unserer Erfahrung nach wirkt sich die EKT positiv sowohl auf gesunde als auch auf kranke Menschen aus. Wir haben erlebt, wie Kranke wieder gesund wurden – erst in ihren Emotionen und dann in ihrem Körper. Häufig war es auch umgekehrt: Zuerst konnten sich die körperlichen Symptome verbessern und dann konnte sich die Seele erholen. Gesunde Menschen nutzen die EKT beispielsweise als Entscheidungshilfe oder zu ihrem persönlichen Wachstum.

Die EKT verfügt über Ansätze, die gänzlich neu sind, wie beispielsweise das grundsätzliche Annehmen von sogenannten negativen Gefühlen wie Angst, Schmerz oder Wut. Wir glauben, dass alle Gefühle eine Geschichte haben und deshalb zu uns gehören. In der EKT schenken wir allen Gefühlen Achtung, Anerkennung und Liebe.

Menschen, die von uns begleitet werden, erfahren Erneuerungen auf der körperlichen und der geistig-seelischen Ebene. Der EmotionalKörper *weiß* um das Potenzial des Menschen, seine Möglichkeiten, seine Stärken, seine Fähigkeiten. Die EKT legt all diese Begabungen wieder frei, so dass blockierte Energie freier fließen kann. Dies wirkt

sich auf die Gesundheit, die Kreativität und auf die gesamte Weiterentwicklung eines Menschen aus.

Mit der EKT kommen wir wieder in Kontakt mit unserer inneren Wahrheit. Durch sie erfahren wir, was uns aufbaut, unsere Gesundung fördert und letztendlich glücklicher und zufriedener werden lässt.

Sind wir in der EKT wieder in Verbindung mit unserem Kern, unserem inneren Wissen gekommen, müssen wir von diesem Moment an unsere Probleme nicht mehr allein mit unserem Verstand lösen. Wir erfahren eine kraftvolle Unterstützung durch die Intelligenz, die unseren Emotionen innewohnt. Die EKT befreit von Gedanken und Gedankenmustern, die uns ängstigen oder einengen, und so häufig erkranken lassen. Sie befreit uns von ungesunden Glaubenssätzen und von der Versuchung, Dinge, Vorgänge und Personen bewerten zu wollen oder zu müssen. Voreilige und überflüssige Bewertungen, durch die wir Gefahr laufen, uns zu „falschen" Handlungen verleiten und verführen zu lassen, werden auf diese Weise vermieden. Die EKT befreit uns von Zwängen, Süchten und starren Gedankengängen. Wie kleine Kinder brauchen auch wir Erwachsene freie, unabhängige, ungebundene, wilde und chaotische Gedanken, um über uns hinauswachsen zu können. Die EKT hilft dabei, indem sie uns wieder mit diesen Gedanken, die alle Grenzen sprengen, verbindet.

Der EmotionalKörper

Der Emotionalkörper, so wie wir ihn verstehen, befindet sich in unserem Körper und gleichzeitig umgibt er ihn. In uns selbst erfahren wir ihn als Gefühlswallung, als aufsteigende Hitze, als sanfte oder heftige Wellen von Gefühlsschwankungen, die über unseren Körper hinausstrahlen. Andere Menschen nehmen dieses uns umgebende Kraftfeld ebenfalls wahr, wenn sie von unserer positiven oder negativen Ausstrahlung sprechen. Wir gehen davon aus, dass jeder Mensch von einem individuellen Kraftfeld umgeben ist, in dem er seine Empfindungen und Emotionen gespeichert hat.

In unserer Ausbildung der EmotionalKörper-Therapie lehren wir, dieses Kraftfeld eines anderen Menschen wahrzunehmen und mit den Händen energetisch auszugleichen. Es hat je nach Gemütszustand eines Menschen verschiedene Farben, eine wolkenartige Form und eine Ausdehnung von einigen Zentimetern bis zu mehreren Metern oder gar Kilometern. Es gibt Menschen mit einer speziellen Wahrnehmungsbegabung, sie können die Ausstrahlung ihrer Mitmenschen entweder sehen oder fühlen.

Beispielsweise Connie, eine sehr feinfühlige Frau. Connie kann Farben und Formen eines Emotionalkörpers sehen. Als sie mit Susanna auf einer gemeinsamen Reise war, malte sie Susannas Emotionalkörper so, wie sie ihn sah. Susanna fühlte sich an diesem Tag besonders ausgeglichen, entsprechend fröhlich waren die Formen und Farben ihres Emotionalkörpers (*siehe Abbildung rechts*).

In der Therapie kommen wir in Kontakt mit dem Emotionalkörper, wir harmonisieren seine Energien, damit sie freier fließen können.

EmotionalKörper-Therapie als Lebensprinzip

Die EKT ist für uns mittlerweile zu einer Lebenseinstellung, einer Grundhaltung unseres Daseins geworden. Ihr liegt ein Prinzip zugrunde, dem wir vielerorts und in den verschiedensten Bereichen begegnen, sogar im Kampfsport:

Vor vielen Jahren nahm Susanna an einem einwöchigen Intensiv-Seminar in Kendo teil. Nach dieser einen Woche erkannte sie, dass man sich hier Aggressionen nicht in den Weg stellt, keinen Kampfpartner bildet, sondern die Aggressionsenergie an sich vorbeileitet. Man wehrt sich nicht, sondern lenkt die angreifende Kraft einfach um. Hat der Angreifer keinen Gegner, kann es keinen Kampf geben. Dies ist auch das Grundkonzept der EKT. Sehr kurz zusammengefasst: Es gibt eine Angst, ein Problem, eine Krankheit. Anstatt sie, wie sonst üblich, zu bekämpfen, wenden wir uns ihr zu, geben ihr in unserer Vorstellung, was sie braucht. Somit stärken wir unsere optimistischen, kreativen und heilenden Kräfte.

Dies ist sehr viel mehr als positives Denken und umfasst das Spüren auf der körperlichen Ebene, das Fühlen auf der emotionalen Ebene, das Denken in Bildern auf der mentalen Ebene und das, was den Verstand einschließt, aber weit über ihn hinausgeht, nämlich das Bewusstsein: Intuition und Inspiration.

Einige Menschen nutzen die EKT bereits, um besser in der Arbeit klarzukommen, um abzunehmen, Stress abzubauen oder sich von lästigen Gewohnheiten zu befreien, sowie Probleme in der Familie zu lösen.

Seit vielen Jahren können wir beobachten, dass jeder, der an sich selbst erfahren hat, wie unverzüglich und gesundmachend die EKT wirkt, ihre Grundprinzipien tief in sich aufnimmt. Ja, es ist, als würde unser Unbewusstes diesen stressfreien und unmittelbaren Weg zur Selbstheilung schneller begreifen, als unser Verstand es vermag. Das

tiefe Verstehen der Prinzipien der EKT wirkt sich automatisch auch auf unser Empfinden und Handeln aus.

Die EKT vermag auf sehr sanfte Art und Weise eine Verwandlung in uns in Gang zu bringen. Es ist, als würde sie uns eine neue Sichtweise schenken, die uns mitfühlender, toleranter und glücklicher macht.

Die EKT wird – je häufiger wir sie anwenden – wie von selbst zu einer eigenen Lebensphilosophie. Geben und Nehmen wird wieder in eine Balance gebracht und jeder, der sich auf die Grundsätze einlässt, kann zum Heiler und Gebenden werden.

Grundlagen der EmotionalKörper-Therapie

Die Wertfreiheit von Gefühlen

Nach über dreitausend Behandlungen, die wir Begleitungen nennen, können wir sagen: Es gibt weder gute noch schlechte Gefühle; alles, was in uns ist, hat einen Sinn, wird gebraucht und spielt in unserem Leben eine wichtige Rolle. Das Neue an unserer Methode ist der besondere Umgang mit so genannten Negativ-Gefühlen wie Ärger, Wut, Angst oder Widerstand. In der EmotionalKörper-Therapie gibt es nichts zu bewerten. Weder an uns noch an anderen. Wir alle verfügen über verschiedene Erfahrungen und verschiedene Erfahrungen führen zu verschiedenen Weisheiten.

Nehmen wir beispielsweise Mr. Steward, ein ehemaliger Kampfpilot in Vietnam, den wir üblicherweise kritisieren und verurteilen würden. In der EKT aber gibt es keine Verurteilungen, daher habe ich (Susanna) ihm erlaubt, in das Gefühl zu gehen, das ihm das größte Glück bereitet.

Mr. Steward war mit seinem Flugzeug abgestürzt, hatte jedoch glücklicherweise überlebt, aber so ziemlich alle Knochen in seinem Körper gebrochen. Um laufen zu können, benötigte er Krücken, und er hatte ständige Schmerzen in seinen Beinen, die jahrzehntelang einfach nicht aufhören wollten. Wir fragten den Schmerz: „Was kann ich für dich tun?", und sofort wurde Mr. Steward in seine Vergangenheit zurückversetzt. Er war wieder der Kampfpilot in Vietnam, bewegte seine Maschine in Schallgeschwindigkeit zwischen Himmel und Erde, ein Zustand, der ihm höchstes Glück bereitete. Mr. Steward tauchte in diese erinnerte Seligkeit ein, aus der er erst nach etwa zwanzig Minuten wieder erwachte. Danach war er vollkommen entspannt und hatte überhaupt keine Schmerzen mehr. Auch noch lange nach unserer Sitzung waren seine Schmerzen geringer, sodass seine Medikamente deutlich reduziert werden konnten. Die Schmerzreduzierung trat ein, obwohl weder er noch ich traumatische Erlebnisse an die Oberfläche bringen oder aufarbeiten mussten.

Ganz offenbar hatte Mr. Steward unter der allgemeinen Verurteilung gelitten, die man den Vietnamveteranen vielerorts bis heute entgegenbringt. Indem er in seine angenehmsten Erinnerungen eintauchte – er flog wieder mit seiner Maschine – befreite er sich von dieser Bewertung. Er kam an den Kern seiner Motivation, aus der heraus er einst, noch in Friedenszeiten, Flieger geworden war. Und konnte sich mit sich selbst aussöhnen.

Mr. Steward hat mit seiner Geschichte einmal mehr bewiesen, dass der menschliche Organismus Selbstheilungskräfte besitzt und fähig ist, sich selbst zu regulieren.

Die Transformation der Gefühle

Gefühle sollten wie Wolken an uns vorüberziehen und in einer steten Bewegung bleiben. Halten wir jedoch an einem Gefühl fest, hadern wir mit unserem Schicksal oder richten unsere Aufmerksamkeit auf das, was uns fehlt oder unzufrieden macht, führt das zu einem Gefühlsstau. Energie kann nicht mehr frei fließen, uns plagen Ängste und Sorgen, wir fühlen uns krank.

Die Grundlage der EKT ist die Transformation von negativen, krank machenden Gefühlen.

Nehmen wir ein beliebtes Beispiel: Das Gefühl, zu dick zu sein. Bei den meisten von uns führt dieses Gefühl zu einem Stau und zu einer Verschlimmerung der Symptome bis hin zum Hass auf unseren eigenen Körper. Tief in uns kämpfen wir gegen dieses Gefühl an. Das ist schade. Aus zweierlei Gründen: Zum einen wegen der Kraft, die wir für diesen Kampf aufwenden, zum anderen weil das Gefühl, gegen das wir kämpfen, nicht mehr an uns vorüberziehen kann. Es ist, als würde eine Wolke über uns stehen bleiben. Oder noch schlimmer: Diese eine Wolke hält andere, nachfolgende Wolken auf. Unser Gefühlshimmel verstopft allmählich, die Heiterkeit vergeht. Nach und nach überwiegen in uns die negativen Gefühle oder wir werden zu gefühlsarmen Menschen, weil wir auch positive Gefühle blockiert haben. Geschieht dies sehr stark, beispielsweise durch ein Trauma, oder über einen langen Zeitraum, dann kann es sein, dass wir daran erkranken.

Hier liegt die Stärke der EmotionalKörper-Therapie, die alle Gefühle wieder in Bewegung bringt, ganz egal, wie sich diese Gefühle auch nennen mögen, in welcher Reihenfolge sie „verstopft" sind oder wie alt sie schon sind. Die EKT beginnt mit einem Gefühl, geht dann zu dem darunter liegenden, um dann zu dem nächst tieferen Gefühl vorzustoßen. Die Reihenfolge ist nicht vorgegeben, sondern ergibt sich in jeder Sitzung von selbst. Es wird nur so viel freigelegt, wie ein Klient an diesem Tag zulassen kann.

Werden diese Gefühle in einer Sitzung gefühlt, dann sind sie damit an der Oberfläche und können dort bearbeitet werden. Der Klient ist oft fasziniert von der Wirkung, wenn er auf einen „Feind", beispielsweise den Schmerz, die Angst oder die Wut, zugeht, anstatt sie zu bekämpfen. In der EKT sagen wir also: „Ja, Schmerz, ich fühle dich", statt „Nein, Schmerz, ich will dich nicht", oder auch: „Ja, mein Hass, ich spüre dich, ich nehme dich in Liebe an."

Haben wir den Hass einmal angenommen, zeigt sich oft die darunter liegende Wut. Nehmen wir die Wut an, zeigt sich häufig die dahinter liegende Trauer. Nehmen wir die Trauer an, begegnen wir oft der Sehnsucht, die sich hinter der Trauer verbirgt, der Sehnsucht nach Liebe und Zugehörigkeit. Das folgende Beispiel vermag uns eine solche Transformation der Gefühle verdeutlichen:

Bärbel und Anja, zwei alleinstehende Frauen, waren seit Jahren gut miteinander befreundet. Eines Tages beschlossen sie, gemeinsam zu verreisen. Eine Woche London – eine Stadt, die sie beide noch nicht kannten. Statt jeweils ein Einzelzimmer zu buchen, entschieden sie sich für ein Doppelzimmer. Es kam zu Konflikten, die Reise hinterließ bei beiden keine gute Erinnerung.

Kurz nach ihrer Rückkehr kam Bärbel zu mir zum Tee. Sie bat mich um eine EKT- Begleitung.

„Du kannst dir nicht vorstellen, wie sauer ich auf die alte Ziege bin. Ich dachte, ich kenne sie, aber jetzt lernte ich eine völlig andere Seite von ihr kennen. Und glaub mir, keine gute. Einen richtigen Hass habe ich auf sie. Die kann mir gestohlen bleiben. Für immer."

„Hallo, mein Hass, ich spüre dich", war meine Antwort. „Gar nichts spüre ich", entgegnete Bärbel zuerst, aber dann ließ sie sich doch ein. „Also gut, hallo, Hass." Sie erlaubte dem Hass, hervorzukommen. „Der Hass ist ja in meinem ganzen Körper, in jeder Zelle. Es ist, als wäre ich von ihm vergiftet", sagte sie sehr überrascht.

„Was kannst du denn für ihn tun?" „Zwei Dinge, sagt er. Zum einen kann ich fühlen, dass Hass auf einen anderen auch mich selbst vergiftet, und wenn ich das erst verstanden habe, dann, so sagt er, kann ich ihn loslassen und aus meinen Zellen entlassen. Das tue ich jetzt." Bärbel entspannte sich zusehends und atmete tiefer.

„Jetzt ist der Hass weg, aber ich spüre Wut in meinem Bauch. Tatsächlich so, wie man immer sagt: Eine rote, heiße Wut macht sich da breit. Hallo, Wut, ich begrüße dich. Das ist jetzt merkwürdig, die Wut fragt mich, auf wen ich denn wütend sei. Und wenn ich jetzt so nachspüre, muss ich zugeben, dass ich auf mich selber wütend bin. Wie konnte ich mich nur mit dieser Zicke einlassen?" „Frag doch mal deine Wut, was du für sie tun kannst", schlug ich vor. „Mich annehmen, sagt die Wut. Meine Wut, ich nehme dich an. Es ist jetzt weniger heiß in meinem Bauch. Ich bin auch klarer im Kopf. Irgendwie ist es, als seien der Kopf und der Verstand auch wieder eingeschaltet. Es wird noch kühler im Bauch. Und weißt du was, eigentlich hätte ich jetzt Lust zu heulen. Es hätte doch eine so schöne Reise werden können. Wir hatten sogar gutes Wetter, die ganze Woche, und das in London!

Irgendwie auch traurig, dass wir uns nicht verstanden haben. Wenn ich so an sie denke, die Zicke ist zwar unmöglich, aber auch immer lustig und hat lauter vergnügliche Einfälle. Weißt du, jetzt, wo mein Hass verraucht ist, brauche ich vielleicht noch ein oder zwei Wochen, um ihn ganz abkühlen zu lassen. Aber dann werde ich sie doch wieder anrufen. Eigentlich fehlt sie mir jetzt schon."

„Sag doch mal 'Anja, ich liebe dich'." „Nein, das kann ich jetzt noch nicht, aber irgendwie ist sie ja liebenswert. Sehr eigen, schwer im Umgang, aber eben liebenswert. Also gut, Anja, ich liebe dich. – Jetzt habe ich ein völlig anderes Gefühl im Bauch, ist doch komisch, dass es im Bauch ist und nicht im Herzen, aber jedenfalls ist es ein sehr angenehmes Gefühl, weich und warm. Vielleicht rufe ich sie ja doch schon morgen an."

Bärbel und Anja sind Freundinnen geblieben. Eine gemeinsame Reise ist jedoch nicht mehr geplant.

Die Transformation des Schmerzes

Eine der wichtigsten Indikationen für die EKT ist der Schmerz. Schmerz an sich ist ein nützliches Gefühl, er kann ein hilfreiches Warnsignal unseres Körpers sein. Der Körper möchte damit auf eine Fehlfunktion aufmerksam machen und uns schützen vor Verschlimmerung. Zu viel oder zu starker Schmerz kann lähmen und uns unfähig machen, unseren Alltag zu bewältigen, jemanden zu lieben oder zu arbeiten. In der EKT sprechen wir jede Form des Schmerzes an, den körperlichen Schmerz und den seelischen Schmerz. Die Vorgehensweise gestaltet sich bei beiden Arten des Schmerzes gleich. Wir beginnen mit dem Schmerz, der sich zuerst oder am stärksten meldet: Das können beispielsweise die Migräne, der Rückenschmerz, der Schmerz nach Verletzungen sein, sowie die kleinen Kümmernisse oder der große Liebeskummer, der Schmerz bei Verlust eines Menschen, der Schmerz nach seelischen Verletzungen.

Wir begrüßen den Schmerz und betrachten ihn als unseren Freund. Indem wir ihn wahrnehmen und ihm unsere volle Aufmerksamkeit schenken sowie seinen Vorschlägen oder Ratschlägen folgen, kann er sich transformieren, das bedeutet: Sich zum Guten hin verändern. Am Ende der Begleitung hat sich der Schmerz aufgelöst oder seine Intensität verloren.

Folgendes Beispiel zeigt, wie sich hinter einem physischen Schmerz (Rückenschmerz) ein seelischer Schmerz (Trauer) verbirgt und wie dieser transformiert wird (Schmetterlinge).

Hexenschuss

Die Klientin erwachte eines Morgens mit einem intensiven, stechenden Schmerz in ihrem rechten unteren Rücken. Sie hätte schreien können, so weh tat jede Bewegung.

Sie suchte einen Chiropraktiker auf. Er diagnostizierte eine „kleine Seitenwirbelverschiebung" im Lendenwirbel vier und fünf und versuchte, die Wirbel wieder einzurenken, was ihm leider nicht gelang, weil die Muskeln zu verkrampft waren. Seine Prognose lautete: „Mindestens sechs Wochen, bis Sie wieder belastbar und voll regeneriert sein werden." Daraufhin bat die Klientin Anne, sie telefonisch zu begleiten. Auf ihre Ansprache: „Mein Schmerz, ich spüre dich", zeigte sich der Schmerz als ein knallrotes Teufelchen in ihrem Rücken. Es piekste mit seinem Dreizack. Auf ihre Frage: „Was kann ich für dich tun?" kam die Antwort: „Ich möchte in den Arm genommen werden." Ein wenig zögerlich nahm sie den kleinen Teufel in ihre Arme. „Ich danke dir, Teufelchen, was kann ich für dich tun?" „Kann ich in deinem Herz wohnen?" fragte es sie.

„Natürlich, ich lade dich in mein Herz ein." Es hüpfte aus ihrer Hüfte die Wirbelsäule aufwärts, betrat ihr Herz und fand einen Platz. Als es sich so in ihrem Herzen wohlig bequem machte, kam ihr plötzlich eine Einsicht: „Ich glaube, immerzu arbeiten zu müssen, und davon kommen die Rückenschmerzen." Sie merkte, wie sich eine Traurigkeit in ihr ausbreitete und Tränen aufstiegen. Sie ließ die Berührung zu und der Strom der Tränen wollte gar nicht enden. Es schien so, als würden die Tränen die Blockaden wegschwemmen und ihr dadurch zu einem Gefühl von großer Befreiung verhelfen. Ganz langsam versiegten die Tränen und eine innere Ruhe breitete sich in ihr aus. Das Bild des Teufels war verschwunden und sie sah eine Schmetterlingspuppe, die ihren Kokon aufbrach und sich zu einem Schmetterling entfaltete. Darauf folgte ein Gefühl von Ruhe, Geborgenheit und Angenommensein.

Ihr zweiter Besuch beim Chiropraktiker verlief anders, als er es erwartet hatte. Staunend sagte er: „Ihre Muskeln sind heute ganz weich, mit Leichtigkeit konnte ich Ihre Wirbelsäule einrenken. Bei der Geschwindigkeit, mit der bei Ihnen Heilung geschieht, werden Sie wohl in zwei Wochen statt in zwei Monaten schmerzfrei sein." Und das war sie auch.

Die Transformation der Angst

Die möglicherweise noch wichtigere Indikation für die EKT ist die Angst. Und hier – genau wie bei dem Schmerz – meinen wir alle Arten der Angst, beispielsweise Flugangst oder Angst vor Spinnen, die Sorge um den Job oder die Familie, Angst vor Einsamkeit oder Krankheit. Hierher gehören aber auch die ganz großen Ängste wie die Existenzangst, die Phobien, Panikattacken, die Angst vor Krieg oder dem eigenen Tod.

Gesunde Angst ist ein nützliches Gefühl. Sie kann ein hilfreiches Warnsignal beim Klettern oder Autofahren sein, eine natürliche Reaktion des Körpers, die uns beschützen soll. Bei Prüfungsangst oder Lampenfieber kann sie uns beispielsweise Flügel verleihen und zu Spitzenleistungen anspornen, zu denen wir unter gewöhnlichen Umständen gar nicht fähig wären. Zu viel Angst dagegen kann lähmen oder krank machen, wir sind dann nicht mehr handlungs- und arbeitsfähig.

Kindern wird oft in bester Absicht beschwichtigend gesagt: „Davor brauchst du doch keine Angst zu haben." Damit lernen sie möglicherweise, ihre vorhandenen Gefühle zu ignorieren.

In der EKT haben wir keine Angst vor unseren Ängsten, sondern wir lassen sie zu und treten ihnen mutig entgegen. Indem wir sie wahr-

und ernstnehmen, achten und akzeptieren, ihr Aufmerksamkeit schenken und ihren Vorschlägen folgen, kann sie sich transformieren und vom Feind zum Partner werden.

Eine Mutter erzählt:
Meine Tochter, Jana, sieben Jahre alt, ist eine gute Schwimmerin. Sie weigert sich aber, mit mir in den See zu gehen. Auf meine Frage, was denn los sei, gesteht sie ein, Angst zu haben. Bei meinem Vorschlag, zu sagen: „Meine Angst, ich spüre dich", wird die Angst zu einem Krokodil im Wasser. Zuerst versuche ich es auf die übliche Weise mit Argumenten und beteuere, dass Krokodile in unseren Gewässern nicht anzutreffen seien und dass es für sie hier viel zu kalt wäre. Nun scheint ihre Angst sogar noch zu wachsen.

Erst als ich meine Tochter bitte, zu wiederholen: „Mein Krokodil, ich begrüße dich", beginnt sie, mir das Krokodil genauer zu beschreiben. Sie kommt ins Schwärmen: Es sei rot und eckig mit einem riesigen Maul und scharfen Zähnen, mit dem es nach ihrem Bein schnappen will.

Ich schlage ihr vor, zu wiederholen: „Hallo, Krokodil, danke, dass du dich zeigst." Jana tut es und sagt: „Nun macht es sein Maul zu und schaut mich an." Ich bitte Jana zu sagen: „Hallo, Krokodil, ich liebe dich." Jana: „Es lacht und wird ganz klein." Und auf meine letzte Frage: „Hallo, Krokodil, was kann ich denn für dich tun?", antwortet sie: „Es sagt, es will bei mir bleiben. Es ist jetzt so klein wie ein Krümel. Ich setze es auf meine Schulter." Ich bitte Jana noch, sich zu bedanken. Sie sagt: „Danke – und jetzt nehme ich das Krokodil mit zum Schwimmen. Juppheidi."

Meine Tochter geht ab jetzt mit mir in den See. Ihre anfänglich riesige Angst war durch die EKT-Begleitung fast nicht mehr vorhanden.

Über das Ja und das Nein

Manche Menschen brauchen ein wenig Übung und Entwicklung ihrer Sensibilität, um zu erkennen, wann ihr Gefühl „aufgehalten" wird oder ob sie von ihren Gefühlen abgeschnitten sind. Deshalb führen wir zu Beginn unserer Seminare und Vorlesungen gerne mit den Zuhörern ein einfaches Experiment durch, zu dem wir Sie, liebe Leser, jetzt auch einladen möchten:

Setzen Sie sich bequem hin, schließen Sie die Augen und fühlen Sie in Ihren Körper hinein. Nehmen Sie sich genau wahr: Wie sitzen Sie? Wie atmen Sie? Wo drückt die Kleidung? Wie warm oder kalt ist Ihnen? Bewerten Sie gar nichts, seien Sie einfach nur Ihr eigener Beobachter.

Jetzt sagen Sie dreimal laut: „Nein." Dann lassen Sie dieses „Nein" auch von Ihrem Körper wahrnehmen. Was spüren Sie? Wo spüren sie es? Was löst das Wörtchen „Nein" in Ihnen aus? Ist es ein Gefühl, ist es ein inneres Bild oder ein Gedanke? Nehmen Sie sich und Ihre Reaktion genau wahr und merken Sie sich alles. Atmen Sie anschließend

ein paarmal tief durch und wechseln Sie nun wieder in Ihren „Neutralzustand" zurück.

Sagen Sie nun dreimal laut „Ja". Erleben Sie, was das Wörtchen „Ja" in Ihnen auslöst. Erleben Sie die Wirkung eines „Jas". Stimmt es Sie fröhlich? Ruft es ein Bild, einen Gedanken oder ein Gefühl in Ihnen hervor?

Vergleichen Sie die Reaktionen Ihres Körpers auf diese beiden Wörter. Ist das nicht erstaunlich? Ist es nicht geradezu unglaublich, wie unsere Physis auf die einfachsten Wörter mit Blutdruck, Puls, Atmung, Gefühlen, Bildern, Gedanken reagiert? Und sollte uns das nicht zum Nachdenken anregen?

Während dieses Experiments spürte eine Klientin bei dem Wort „Nein" einen Querbalken aus Holz in sich, der sie komplett im Oberkörper blockierte. Sie fühlte sich, als wäre sie an ein Kreuz genagelt. Es war keine Bewegung möglich und es konnte keine Lebenskraft von oben nach unten oder umgekehrt fließen. Es gab überhaupt keinen Fluss, nur Stillstand und Blockade.

Bei dem Wort „Ja" nahm sie einen Wasserfall in sich wahr, der vom Kopf bis zu den Füßen in unaufhörlichen Wellenbewegungen durch sie hindurchströmte. Die Wellen waren aus hellstem, klarsten Wasser – warm und angenehm – und sie fühlte sich „in Bewegung", lebendig, aktiv, munter, fast fröhlich.

In unseren Seminaren ermuntern wir die Teilnehmer, ihre Erlebnisse mitzuteilen. Ihre Erfahrungen sind einander stets sehr ähnlich: Bei „Nein" nehmen die meisten etwas Unbewegliches, Starres, Kaltes, oft Unfreundliches wahr, bei „Ja" dagegen Freundlichkeit, Wärme, Energiefluss, sie haben insgesamt ein positives Lebensgefühl.

Deswegen ist es ein enormer Unterschied, ob ich zu einem Kind, das unbedingt Eis essen möchte, sage: „Nein, das geht jetzt nicht." Oder: „Ja, das ist eine prima Idee, am besten machen wir das nachher auf unserem Rückweg."

In der EKT nutzen wir die Ja-Nein-Erfahrungen. Wir haben gesehen, dass „Nein" zu einer Energieblockade führt, während „Ja" den Energiefluss fördert. Weil wir in unserer Therapie bejahend auf alles zugehen, was sich zeigt: „Ja, ich spüre dich, ja, ich nehme dich in Liebe an, egal, wer du bist", öffnen sich beim Klienten alle Schleusen. Die nun frei fließende Energie schwemmt alles fort, was zuvor gestört oder zu Blockaden geführt hat.

Die Kraft der Dankbarkeit

In dem Wörtchen „Dankeschön" steckt die Kraft, Erstaunliches in unserer Gefühlswelt zu bewirken. Nachdem wir die Ja-Nein-Übung in unserem Seminar durchgeführt haben, lassen wir die Teilnehmer deshalb auch das Wort „Danke" fühlen.

Dies können Sie, wenn Sie mögen, gerne einmal selbst ausprobieren: Setzen Sie sich bequem hin, atmen Sie tief ein und aus und sagen Sie laut das Wort: „Danke". Warten Sie einen kleinen Moment ab und achten Sie darauf, wie es Ihre Gefühle verändert.

Ist es nicht wunderbar, was ein einziges Wort in Ihnen auszulösen vermag?

Wir freuen uns immer an dieser Stelle in unseren Seminaren, weil die Teilnehmer dann beginnen, leise zu lächeln. Eine innere Freude macht sich im Seminarraum breit, die regelrecht spürbar ist. Viele der Teilnehmer spüren als Reaktion auf das Wort „Danke" eine Wärme; manchmal im Bauch, meistens aber in ihren Herzen. Oft berichten sie, dass sie in ihren Körpern jetzt mehr Raum fühlen würden.

Wer möchte, kann sich die erstaunliche Wirkung dieses „Zauberwörtchens" auch im Alltag zunutze machen:

Manchmal haben wir zu wenig Zeit, um zu meditieren, der Wunsch nach Ruhe und Zentrierung ist aber da. Dann können Sie das Wort „Danke" mehrfach wiederholen und sich gleichzeitig beide Hände aufs Herz legen. Das wirkt immer und sehr schnell.

Sie können es auch einmal bewusst ausprobieren und einem Mitmenschen „Dankeschön" sagen, wenn er Ihnen etwas Gutes getan hat. Sie werden erleben, wie die Mienen sich aufhellen und die Menschen freundlicher werden.

Wir erleben Dankbarkeit als die intensivste Form positiven Denkens — als eine Quelle der Lebensfreude. Dankbarkeit wirkt wie offene Anerkennung für andere. Und wenn wir Anerkennung zeigen, verbessert sich jede Situation, weil wir das Positive im anderen verstärken.

Und so wie wir Menschen auf das „Danke" reagieren, so reagieren auch Gefühle in unseren inneren Bildern. Beispielsweise beginnt das Gefühl „Wut", von dem man es gar nicht erwarten würde, zu lächeln, wenn wir uns bei ihm bedanken.

Es funktioniert ein bisschen wie im Märchen und das „Dankeschön" ist die Zauberformel!

Anwendung der EmotionalKörper-Therapie

Wann wenden wir die EKT an?

► Wenn wir tief in uns wissen, dass nicht alle Antworten auf die Fragen des Lebens allein aus der Wissenschaft kommen.

► Wenn wir nicht sicher sind, welche Richtung wir im Leben einschlagen sollen.

► Wenn uns körperlich etwas wehtut.

► Wenn wir im Leben mit neuen Herausforderungen konfrontiert werden.

► Wenn wir unter einer schweren Krankheit leiden.

► Wenn wir uns wünschen, unseren persönlichen Entwicklungsprozess zu beschleunigen.

► Wenn wir mehr über unsere Glaubenssätze wissen wollen.

► Wenn wir nicht immer wieder die gleichen begrenzten Erfahrungen im Leben machen wollen.

► Wenn wir still werden wollen.

► Wenn wir unserer Intuition mehr Aufmerksamkeit schenken wollen.

► Wenn wir lernen wollen, dass Krankheit und Leid keine Strafen sind.

► Wenn wir Selbstheilungskräfte in uns und in anderen stärken wollen.

► Wenn wir mehr Liebe in unser Leben und in das Leben unserer Mitmenschen bringen wollen.

► Wenn wir einer anderen Person mit Einfühlungsvermögen und Geduld zuhören wollen.

Anwendungsebenen der EKT

Mit der EKT wollen wir unsere Gesundheit wieder herstellen. Wir verstehen darunter die Gesundheit von Körper, Geist und Seele. Mithilfe unserer Methode wollen wir unsere Klienten in das Gefühl der Zuversicht zurückführen, mit allen Anforderungen ihres Lebens fertig zu werden. Wir wollen ihnen den Zugang zu ihrer Kraft erleichtern, damit sie mit Stress und krankmachenden Einflüssen besser umgehen lernen und sie diese Anforderungen des Lebens als Herausforderungen annehmen können.

Für uns schließt Gesundheit Lebenswille, Lebensfreude und Lernbereitschaft ein.

In der EmotionalKörper-Therapie können Beschwerden aller Art angesprochen werden: Kleine Sorgen und große Sorgen, Beziehungsprobleme, Eifersucht, kleine Ängste und große Ängste, Verletzungen, Ärger, Wut, seelische Schmerzen, Depressionen sowie jedes Krankheitssymptom wie beispielsweise Schwindelgefühle, Migräne, Rückenschmerzen, Herzbeschwerden oder Magen-Darm-Erkrankungen. Kurzum, jedes Gefühl und jede Krankheit können zum Thema gemacht und behandelt werden. Bewährt hat sich die EKT als begleitende Maßnahme vor und nach chirurgischen Eingriffen, Anästhesien, größeren diagnostischen Eingriffen, anderen Heilverfahren, beispielsweise Chirotherpie und physikalische Therapie. Als besonders wirksam hat sich die EKT auch in der Behandlung von chronischen Krankheiten erwiesen sowie als begleitende Maßnahme von aggressiven Therapien, beispielsweise bei Krebs, und bei medizinisch austherapierten Patienten. Ebenso in Lebensübergangssituationen, d.h. in der Geburts- und Sterbebegleitung.

▶ Mit der EKT geben wir dem Klienten Anregung zur Selbstregulation auf der *körperlichen Ebene* bei dem Wunsch nach Schmerzfreiheit, dem Umgang mit Krankheit, Schlafen oder Sexualität.

▶ Mit der EKT geben wir dem Klienten Anregung zur Selbstregulation auf der *emotional-sozialen Ebene* bei dem Wunsch nach Liebe, Freundschaft, Zugehörigkeit.

▶ Mit der EKT geben wir dem Klienten Anregung zur Selbstregulation auf der *mentalen Ebene* bei dem Wunsch nach Entscheidungshilfe, nach Wissen und Verstehen, und bei dem Wunsch, etwas mehr über sich zu lernen.

► Mit der EKT geben wir dem Klienten Anregung zur Selbstregulation auf der *spirituellen Ebene* bei dem Wunsch nach Entwicklung der eigenen Intuition, nach Selbstverwirklichung, nach persönlichem Wachstum und kreativer Entfaltung, nach Authentizität und der Verwirklichung des eigenen Entwicklungspotenzials, sowie bei dem Wunsch, Glaubenskrisen zu bewältigen.

► Mit der EKT geben wir dem Klienten Anregung zur Selbstregulation auf der *alltäglichen* Ebene bei dem Wunsch, in der Familie und im Beruf Freude zu empfinden, mit den Finanzen auszukommen, mit Nachbarn und Mitmenschen friedvoll umgehen zu lernen.

Kein Mensch lässt sich eindeutig kategorisieren, sodass viele seiner Probleme mehr als einem Bereich zuzuordnen sind. In der EKT arbeiten wir meistens in mehreren Bereichen während einer Sitzung, da sich hinter einem physischen Problem wie dem Schmerz oft ein emotionales oder soziales versteckt. An dem Fallbeispiel *Das halbe*

43

Herz (siehe S. 97) können wir diese Erscheinung gut begreifen. Paul kam mit einem Problem im physischen Bereich (Allergie) zu uns. Hinter diesem Symptom verbarg sich das eigentliche Problem im emotionalen Bereich (Jugendfreundin).

Die am Ende des Buches dargestellten Fallbeispiele spiegeln den weit gefächerten Anwendungsbereich der EKT wieder.

Wie wenden wir die EKT an?

Die EKT ist liebevoll. Um Heilung zu erfahren, muss ein Klient nicht all die bedrohlichen Erfahrungen seines Lebens erneut in sich hochkommen lassen. Sein Unbewusstes scheint ihn genau davor zu schützen, indem es von einem zurückliegenden Trauma nur gerade so viel an die Oberfläche bringt, wie der Klient auch wirklich in einer Sitzung verarbeiten und transformieren möchte.

Häufig kommt es vor, dass sich ein inneres Bild aus der Vergangenheit zeigt, beispielsweise aus der Zeit, als das Leid entstanden ist oder zum ersten Mal gespürt wurde.

Eine Klientin erzählte: „Ich bin drei Jahre alt und spiele ganz alleine im Zimmer. Niemand ist da. Ich gehe ans Fenster und wünsche mir meine Mama herbei, aber sie kommt nicht. Ich fühle mich sehr alleine und weine."

Frage an die Klientin: „Was möchtest du am liebsten tun?"

Antwort der Klientin: „Ich möchte hingehen und das Kind in den Arm nehmen. Ich will ihm sagen, dass ich immer für es da sein möchte."

In der Vorstellung tut sie es. Für diesen Prozess lassen wir ihr alle Zeit, die sie benötigt. Die Klientin fühlt sich nun nicht mehr hilflos, ausgeliefert, ohnmächtig und abhängig, wie sie sich als dreijähriges Kind gefühlt hat, sondern erfährt, dass sie sich selbst geben kann, was sie braucht. Die Klientin kann das Kind als eigenes „inneres Kind" in sich aufnehmen und kann nun selbst für es sorgen.

Ein immer wieder vorkommendes inneres Bild ist das Auftauchen eines „Gegenübers", das den Klienten erscheint. Dies kann ein Freund sein, ein Familienmitglied, ein Feind, ein bereits Verstorbener, ein Tier, ein Fabelwesen, ein Engel oder etwas sehr Erschreckendes – ein Teufel, ein Drachen oder das Böse.

Was immer sich auch zeigt, die Schritte der EKT bleiben stets die gleichen: Wir bedanken uns, wir nehmen in Liebe an und wir fragen: „Kann ich etwas für dich tun?" Auch das allerschlimmste oder allerbedrohlichste Wesen wird weich, wenn es in Liebe angenommen wird. Es wird sich transformieren oder die Botschaften überbringen, die für den Klienten momentan wichtig sind.

Manchmal wird das Wesen des Widerstandes, der Ängste, der Trauer kleiner und verliert seine beherrschende Dominanz. Dann wird es auf Wunsch des Klienten auch möglich, für das kleine, negative Wesen einen neuen Platz im Körper zu finden und es auf diese Weise zu integrieren.

Die EKT ist ein Werkzeug, eine Technik, mit der sich viele Probleme des Lebens „anpacken" lassen. Folgendes Beispiel mag das veranschaulichen:

Viele von uns denken, sie seien übergewichtig. „Ich bin zu dick", denkt die Klientin und sagt es auch über sich. Nun könnte man ihr aufmunternde Worte sagen: „Ach, stimmt doch gar nicht", aber das hilft meistens nicht. Die Klientin geht also in Aktion und versucht, eine

Änderung auf rein körperlicher Ebene herbeizuführen: Sie beginnt eine Diät. Sie verliert Gewicht, um es nach einigen Wochen wieder angefuttert zu haben. Ein solcher Ansatz schlägt meistens fehl. Es hat sich herausgestellt, dass die EKT auch hier eine gute Hilfe ist, weil sie beides, das negative Gefühl und die negativen Gedanken, zunächst einmal annimmt und dann verändert.

Kommt eine Klientin mit solch einer Problematik zu uns, so werden wir sie wie üblich bitten, sich zu entspannen. Nach der Einleitung bitten wir sie, den Satz „Ich bin zu dick" mehrfach laut zu wiederholen. Wir bitten sie, den Worten nachzuspüren, herauszufinden, wo

diese Worte in ihrem Körper eine Resonanz auslösen. Sie beschreibt uns dann ihr Gefühl, wenn sie sich selbst verurteilt, meistens eine unangenehme, traurig machende Emotion – und mithilfe der EKT transformieren wir dann dieses Gefühl und lösen gleichzeitig bei ihr das vernichtende Urteil über sich selbst auf. Die Klientin entwickelt daraufhin ein neues, positiveres Gefühl zu ihrem Körper, ihre geistige und seelische Einstellung ändern sich und in der Folge ändert sich auch ihr physischer Körper – mit und ohne Diät.

So finden die Prinzipien der EmotionalKörper-Therapie überall ihren Einsatz, angefangen bei den ganz einfachen Belangen des Alltags bis hin zu einer professionellen Sitzung in der Praxis eines gut ausgebildeten EmotionalKörper-Therapeuten. Mütter mit Kindern, Freundinnen untereinander, ja sogar Fußgänger können die EKT anwenden, wenn sie beispielsweise an einem bellenden Hund vorbeikommen und ihm sagen: „Du passt aber gut auf hier!" Sie brüllen den Hund nicht an („Sei still!") sondern wenden sich ihm stattdessen zu, danken ihm und schenken ihm Aufmerksamkeit.

Wollen Sie die EKT einmal bei sich selbst ausprobieren, wenn Sie beispielsweise ein Schmerz plagt, dann sprechen Sie ihn doch einfach mal folgendermaßen an:

„Mein Schmerz, ich spüre dich, danke, dass du dich zeigst."

Fühlen Sie bewusst, wie sich der Schmerz verändert. Vielleicht wird er anfangs stärker, um dann eine ganz andere Form anzunehmen.

Sobald Sie im Dialog mit Ihrem Schmerz sind, vertrauen Sie sich seiner Führung an oder verfahren Sie nach der Vorgehensweise, wie wir sie in dem folgenden Kapitel beschreiben.

Vorgehensweise der EmotionalKörper-Therapie

Wir wollen mit der EKT die Selbstheilungskräfte des Klienten mobilisieren und ihn wieder mit seinen eigenen Kräften in Berührung bringen. Wir machen ihm keine Vorschläge, indem wir sagen, was er tun soll, sondern folgen den Bildern und dem Tempo des Klienten. Wenn es dem Klienten gelingt, seine eigene Liebe in sich selbst zu finden, wird er sich heilen können.

Die EmotionalKörper-Therapie besteht im Wesentlichen aus den vier folgenden Grundelementen:

- Das Gefühl spüren

- Dem Gefühl danken

- Das Gefühl annehmen

- Das Gefühl fragen: "Kann ich etwas für dich tun?"

Die einzelnen Schritte im Überblick

Die folgende Darstellung soll Ihnen einen Überblick über die elementare Vorgehensweise einer EKT-Sitzung geben. Sie kann Ihnen zugleich als Rezept oder Gerüst dienen, wenn Sie eine EKT-Sitzung mit sich selbst, mit einem Angehörigen, einer anderen Person aus Ihrem Umfeld oder einem Klienten durchführen wollen. In den darauffolgenden Seiten wollen wir Ihnen die einzelnen Punkte erläutern. Es ist zu empfehlen, diese als Kopie bei sich zu tragen, sie neben sich zu legen, wenn Sie jemanden begleiten, oder sie in dem Raum, in dem Sie sich aufhalten, an die Wand zu hängen. Sie soll Ihnen eine Hilfe sein, mit der Sie mühelos und sicher eine Begleitung durchführen können. Wir benutzen hier das *Du* als Ansprache, weil wir auch in unseren Seminaren überwiegend damit arbeiten.

EmotionalKörper-Therapie

1. Vorgespräch

2. „Nimm eine bequeme Position ein."

3. „Schließe deine Augen."

4. „Atme fließend."

5. Energiefluss-Unterstützung durch den Begleiter

6. „Verbinde dich mit dem, was dir heilig ist."

7. „Sage laut: ,Ich bitte um höhere Führung und um Unterstützung.'"

8. Der Weg nach innen

   a) Offenes Thema: „Lenke deine Aufmerksamkeit in deinen Körper und spüre nach"

   b) Arbeit an einem selbst gewählten Thema

   c) Beginn mit einem Wohlgefühl

9. „Mein Schmerz, ich spüre dich."

10. „Mein Gefühl, ich danke dir."

11. „Mein Gefühl, ich liebe dich."

12. „Mein Schmerz, kann ich etwas für dich tun?"

13. Positive Gefühle einladen

14. Danken

15. Hilfen und weiterführende Maßnahmen

1. Vorgespräch

Ein Vorgespräch dauert bei uns in der Regel nur fünf bis zehn Minuten. Es ist ein kurzes Gespräch, weil wir im Gegensatz zu anderen psychotherapeutischen Verfahren keine Diagnose benötigen, um eine Therapie zu beginnen. Ebenso wenig brauchen wir umfassende Kenntnis aus der Vergangenheit oder dem Leben des Klienten. Ein Vorgespräch soll klären, in welchem Zustand er sich momentan befindet und ob er Wünsche und Bedürfnisse für die heutige Sitzung mitbringt. Wir möchten vor allem erfahren, ob der Klient an einem bestimmten, selbst gewählten Problem arbeiten möchte, oder ob sein Unterbewusstsein wählen soll, welches Thema für die Weiterentwicklung hilfreich wäre. Je nachdem, wie die Entscheidung des Klienten ausfällt, werden wir den Schritt 8.a) oder 8.b) in der Begleitung wählen.

Kommt ein Klient zum ersten Mal zu uns, beschreiben wir auf Wunsch vor der Sitzung die einzelnen Schritte der Behandlung.

2. Bequeme Position

„Nimm eine bequeme Position ein.“

In der Regel liegt der Klient und die Begleiterin sitzt daneben. Es hat sich bei uns bewährt, „ein Nest zu bauen“ und eine Umgebung herzustellen, in der sich der Klient optimal entspannen kann. Ein ausklappbarer Fernsehsessel beispielsweise ist ideal für Begleitungen. Selbstverständlich sind eine Liege, ein Sofa, ein Bett oder eine Matte

auf dem Fußboden auch für eine Begleitung geeignet, solange es bequem ist. Eine Zudecke ist ratsam, damit der Klient nicht friert.

Wenn sich jemand an uns wendet, der bereits Erfahrung mit unserer Methode hat, so ist eine Begleitung auch in einem Café, auf der Wiese oder sogar am Telefon möglich.

3. Augen schließen

„Schließe deine Augen."

Wir schlagen unserem Klienten vor, seine Augen zu schließen. Das erleichtert es ihm, seine Aufmerksamkeit nach innen zu wenden, und er ist weniger abgelenkt durch äußere Eindrücke. Der Klient schaut dann sozusagen mit seinen „inneren Augen". Von manchen Menschen wird es als angenehm empfunden, wenn sie sich ein Seidentuch über die Augen legen können. Natürlich ist eine Begleitung auch bei geöffneten Augen möglich.

4. Atmung

„Atme fließend."

Wir bitten den Klienten, ein paar Mal fließend ein- und auszuatmen und die Muskeln zu entspannen. Oft merken wir, wie wir an dieser Stelle selber ruhiger werden und dass auch unsere Atmung sich vertieft. „Bitte, komme ganz hier in diesem Raum, hier in deinem Körper an." Wenn wir diesen Satz aussprechen, unterstützen wir den Klienten, sich zu fokussieren, sich nach innen zu wenden und sich ganz auf sich selbst zu konzentrieren.

5. Energiefluss-Unterstützung durch den Begleiter

Der Klient kommt langsam zur Ruhe und wir stellen uns ganz auf ihn ein, indem wir uns mental mit seinem inneren Kern, seinem Wesen verbinden. Wir sind als Begleiter total fokussiert auf ihn und sein Thema. Alle alltäglichen Sorgen und Gedanken sind verschwunden, auch Raum und Zeit verlieren ihre Bedeutsamkeit. Wichtig ist jetzt nur noch der Mensch, den wir begleiten, und unser Dialog, den wir miteinander erleben.

Im Folgenden möchten wir beschreiben, wie wir unsere Klienten in der Begleitung energetisch unterstützen. Das energetische Arbeiten ist vielleicht nicht jedermanns Sache. Unsere langjährige Erfahrung hat uns jedoch gelehrt, dass auf diese Art und Weise der Prozess einer Begleitung beschleunigt und unterstützt wird.

Wir bewegen unsere Hände etwa zwanzig bis dreißig Zentimeter über dem Körper des Klienten und nehmen dadurch seine Energien wahr. Der Klient erlebt diese Berührung in seinem Emotionalkörper als fließende Energien und als Erleichterung, den eigenen Körper deutlicher zu spüren. Es gelingt ihm, mit Blockaden und Gefühlen leichter in Kontakt zu kommen.

Für uns fühlt sich die Energieschicht über dem Körper wie eine zweite Haut an, wie eine Schicht, die zu uns gehört wie ein Fell zur Katze. Wir fühlen verschiedene Temperaturen und manchmal „Löcher" oder besonders heiße Zonen. Wir lassen Energie durch unsere Hän-

de fließen und bemühen uns, die unterschiedlichen Zonen auszugleichen. Das kann einige Minuten dauern und manche Klienten können
die veränderte Energie spüren. Wenn wir den Klienten fragen, was
er wahrnimmt, hören wir am häufigsten die Aussage: „Ich fühle mich
jetzt ruhig und umgeben von einer Wolke. Ich fühle mich sehr sicher."

6. Innere Anbindung

„Verbinde dich mit dem, was dir heilig ist; was dir Kraft gibt."

Wir bitten den Klienten, sich mit
dem zu verbinden, was ihm persönlich heilig ist. Das kann ein
Licht, Jesus oder Maria, Sai Baba,
Buddha, Allah, ein Schutzengel, ein
Baum, eine Person, oder im Falle
der Indianer das Totemtier oder im
Falle eines Kindes beispielsweise
auch der Lieblingsteddy sein. Da
wir oft nicht wissen, welcher Religi-
on unsere Klienten angehören oder

ob sie sich überhaupt einer Glaubensrichtung zugehörig fühlen, haben wir den Satz so offen wie möglich formuliert: „Verbinde dich mit
dem, was dir heilig ist", oder auch: „Verbinde dich mit dem, woran
du glaubst".

In unseren Gruppen gibt es manchmal Teilnehmer oder Teilnehmerinnen, die keinen Gott kennen. So wählte beispielsweise eine Teilnehmerin einen Baum, zu dem sie oft ging, wenn sie allein sein wollte, und verband sich geistig mit ihm; eine Indianerin verband sich mit ihrer verstorbenen Großmutter und eine überzeugte Atheistin mit der „Mitmenschlichkeit". In den USA glauben 93% der Bevölkerung an einen Gott und viele Menschen beten. Wenn ein Klient an dieser Stelle laut oder leise beten möchte, darf er das gerne tun.

Wenn wir hier „Gott" sagen, dann meinen wir alles, was göttlich ist, aber verschiedene Namen trägt, die die Religionen dieser Gottheit gegeben haben. Jeder von uns hat doch seine eigene Vorstellung von Gott. Wir meinen alle diese Vorstellungen. Wir glauben nicht, dass ein Gott besser oder schlechter ist als ein anderer. Wir urteilen nicht. Wir meinen mit Gott: Das, womit wir uns verbinden, was wir anrufen und was uns heilig ist. Alle Nichtgläubigen bitten wir um Nachsicht, vielleicht können sie die „Allumfassende Liebe" an die Stelle von Gott setzen. Wem das gar nicht liegt, der hole sich Hilfe und Unterstützung bei einer Figur oder einem Symbol seiner Wahl.

Als Begleiterin lassen wir unserem Klienten zwei bis drei Minuten Zeit, diese Verbindung herzustellen. Auch wir verbinden uns mit dem, woran wir glauben. So wie alle Klienten an etwas Eigenes glauben, hat auch jede Begleiterin ihren individuellen Glauben. Die eine verbindet sich mit der universellen Liebesenergie, die andere mit der Energie des Reiki oder der Energie verschiedener Meister und Heiliger.

Die persönliche Verbindung mit der höheren Weisheit führt in den meisten Fällen zu einer Zunahme der Energie um den Klienten und um uns herum. Susanna beispielsweise nimmt diesen erhöhten Energiepegel folgendermaßen wahr: Manchmal kommt es ihr vor, als sei alles um sie herum heller, manchmal ist alles im Raum klarer, so als hätte sie eine Superbrille auf.

7. Bitte um Unterstützung

„Sage laut: ‚Ich bitte um höhere Führung und um Unterstützung.'"

An dieser Stelle eröffnen wir den verbalen Kontakt mit dem Klienten. Das Nachsprechen des oben genannten Satzes löst ihn aus seinem Schweigen und bringt ihn in Kontakt mit der Begleiterin.
Wir haben die Erfahrung gemacht, dass allein das Aussprechen der Bitte um Unterstützung die Sitzung beschleunigt und die Begleitung dadurch eine höhere Qualität erreicht. Hilfe anzunehmen kann als ein ganz großes Geschenk empfunden werden. Das Herz öffnet sich, Verspannungen im Körper geben nach und die eigene Entspannung führt in einen noch tieferen Bewusstseinszustand.

8. Der Weg nach innen

a) Offenes Thema: „Lenke deine Aufmerksamkeit in deinen Körper und spüre nach."

Als Nächstes bitten wir den Klienten, seine Aufmerksamkeit nach innen zu richten und in seinen Körper hineinzufühlen. „Spüre in deinen Körper und fühle, ob sich dort etwas bemerkbar macht. Gibt es vielleicht ein Organ oder ein Körperteil, das sich in irgendeiner Weise meldet? Hast du eine körperliche Empfindung (Druck), spürst du ein Gefühl (Trauer)? Beschreibe, was du wahrnimmst." Wenn nicht gleich eine Antwort kommt, warten wir ein wenig und fügen dann unterstützend hinzu: „Auch das kleinste Signal, ein Unwohlsein, auch ein Kitzeln im großen Zeh ist ein Zeichen. Nimm das, was sich als Erstes meldet."

Auf unsere Frage „Was fühlst du?" bekommen wir fast immer eine Antwort. Da die Frage bewusst offen formuliert wird, entscheidet der Klient selbst, wie er die Frage versteht. Die Antwort kann aus einer körperlichen Wahrnehmung, beispielsweise Druck im Magen, oder

einer Emotion, beispielsweise Wut auf den Chef, oder einem inneren Bild bestehen, beispielsweise: „Um mich herum ist alles grau." Irgendeine Empfindung oder ein Gefühl tritt immer in den Vordergrund und macht auf sich aufmerksam.

Angenommen, der Klient nimmt einen Druck wahr. Dann fragen wir weiter: „Wo spürst du diesen Druck? Kannst du deine Aufmerksamkeit dorthin lenken, ist der Druck eher hart oder weich, hat er vielleicht eine Farbe oder sogar eine Form?"

In einigen Fällen kommt es vor, dass jemand erklärt, er würde nichts spüren. Es gibt nun für uns mehrere Möglichkeiten, mit diesem *Nichts* umzugehen. Eine Möglichkeit ist, das Nichts zu begrüßen: „Nichts, ich begrüße dich." Sehr oft nimmt das Nichts dann eine Form oder Farbe an. Eine andere Möglichkeit besteht in einer Nachfrage: „Wo in deinem Körper spürst du das Nichts?" Die Antworten sind oft überraschend, um nur ein Beispiel zu nennen: „Das Nichts ist ein Loch, eine Leere in meinem Bauch." Wunderbar, also begrüßen wir die Leere im Bauch und haben somit den roten Faden in die Hand bekommen. Eine weitere Möglichkeit besteht darin, den inneren Widerstand anzusprechen: „Mein Widerstand gegen Gefühle, ich begrüße dich." Eine Klientin konnte daraufhin ein hundeähnliches Fabelwesen wahrnehmen, das sich in ihren Arm verbissen hatte. Mit diesem Tier konnte sie Kontakt aufnehmen und so an ihre Gefühle kommen.

Noch eine andere Möglichkeit besteht darin, das Fühlen zu erlernen. Dazu führen wir mit unseren Klienten die zuvor erläuterte „Ja-Nein-Danke" Übung durch. Diese Worte sind unverfänglich und lösten bisher bei allen Personen eine emotionale Resonanz, innere Bilder oder auch Bewegungen in ihrem Körper aus. Eine Klientin, die erstmalig eine EKT erlebte, war nicht in der Lage, bei den Worten „Meine Mutter, ich spüre dich" eine Reaktion in ihrem Körper wahrzunehmen. Nach der „Ja-Nein-Danke" Übung kam sie in Kontakt mit ihren Gefühlen, so dass sie bei dem zweiten Versuch „Meine Mutter, ich spüre dich" ein deutliches Zusammenziehen ihrer Bauchmuskulatur wahrnehmen konnte.

b) Arbeit an einem selbst gewählten Thema

Es kommt vor, dass Klienten ein ganz bestimmtes Problem ansprechen wollen. Dies geschieht, wenn aus einem inneren Druck heraus ein aktuelles Thema besonders wichtig erscheint, beispielsweise: „Ich habe einen Termin zur Wurzelbehandlung beim Zahnarzt, habe aber schreckliche Angst davor."

Klienten mit einem selbst gewählten Thema bitten wir, das Thema laut anzusprechen, zum Beispiel: „Meine Angst vor der Wurzelbehandlung, ich spüre dich", und diesen Satz mehrfach laut zu wiederholen. Sobald sie die Angst in ihrem Körper spüren können, begleiten wir sie in ihre Prozesse.

Manchmal kann das anfangs eingegrenzte Thema jedoch eine ganz neue Richtung einschlagen: Frau J., eine Amerikanerin, kam zu Susanna, und bat um eine EKT-Sitzung speziell wegen ihrer Angst vor der bevorstehenden Chemotherapie. Bei ihr war vier Wochen vorher Brustkrebs diagnostiziert worden. Um die Chemotherapie beginnen zu können, war ihr ein Port (ein subkutan implantiertes kleines Gehäuse mit Membran und Gefäßanschluss zur Durchführung der Infusions-Chemotherapie) eingepflanzt worden. Susanna berichtet: Gleich zu Beginn der ersten Sitzung fühlte Frau J. den schmerzhaften Druck des Ports in ihrem Brustkorb. Noch bevor ich sagen konnte: „Druck vom Port, ich spüre dich", war sie auch schon in Tränen ausgebrochen. Ich nahm an, sie weine über ihre Situation, aber ich blieb erst einmal ganz still. „Ich bin ja so froh, dass der Port rechts oben ist und nicht links oben und somit mein Herz nicht verletzt wurde", sagte Frau J. Ich war verdutzt, was hatte denn das Herz mit ihrem eingegrenzten Thema, der Chemotherapie, zu tun? Ich atmete tief durch und blieb bei unserer verlässlichen Vorgehensweise: „Mein Herz, ich spüre dich, was kann ich für dich tun?", ließ ich Frau J. wiederholen. Zu meiner völligen Überraschung sagte ihr Herz: „Hör auf zu rauchen." Mir war unbekannt, dass diese Frau rauchte. In Kalifornien ist das Rauchen stark verpönt; Frau J. bestätigte, all die Jahre heimlich geraucht zu haben. So wurde aus dieser Sitzung keine Begleitung zur Chemotherapie, sondern das Rauchen thematisierte sich selbst. Ihr Herz gab ihr einige gute Ratschläge, was sie zur Förderung ihrer Gesundheit tun könne. Da alle diese Vorschläge aus ihr selbst kamen, konnte sie sie auch annehmen und umsetzen. Sie war in der Lage, nur mit der Kraft ihres Verstandes weniger zu rauchen und hat jetzt zusätzlich eine Akupunkturbehandlung zur Rauchentwöhnung begonnen.

Die Arbeit mit der EKT ist immer spannend. Zwei Menschen finden in vergleichbaren Situationen völlig unterschiedliche, individuelle Lösungen – und sehr oft werden wir von den Antworten überrascht.

c) Beginn mit einem Wohlgefühl

„Mein Wohlgefühl, ich begrüße dich."

Wir laden das Wohlgefühl bei Klienten ein, die wir schon sehr gut kennen und die trotz mehrerer Begleitungen in ihren Problemen sehr verstrickt sind. Diese Klienten haben schon so viele schlechte Erfahrungen in ihrem Leben gemacht, dass sie denken, es gäbe ohnehin keine Lösung für ihre Probleme. Wir verlassen uns darauf, dass auch diese Menschen irgendwann in ihrem Leben ein wohliges Gefühl kennen gelernt und im Emotionalkörper abgespeichert haben. Mag sein, dass sie es vergessen haben, aber wenn sie direkt danach gefragt werden, dann finden sie es. Wir möchten sie daran erinnern und das Wohlgefühl wieder stärker werden lassen. Oft sind die Klienten überrascht, weil sie gute Gefühle, die aufgrund von Schwierigkeiten in ihrem Leben verschüttet wurden, lange nicht erlebt haben. Eine Klientin berichtete, dass es sich für sie so anfühle, als habe sie eine Kerze in einem völlig dunklen Raum angezündet. Sie fühle sich von der Kerze gewärmt und angezogen und das Licht bzw. das Wohlgefühl breite sich langsam in diesem Raum, in ihrem Körper aus.

Ein gutes Gefühl ist meistens verknüpft mit einer Sinneswahrnehmung (dem Riechen an einer duftenden Blume, dem Lauschen eines zärtlichen Wortes, dem Gefühl beim Streicheln einer Katze) und das gesamte Bild der früher erlebten angenehmen Situation steigt wieder in der Erinnerung auf und verteilt sich als wohliges Gefühl im gesamten Körper.

Fällt es einem Klienten schwer, Kontakt zum Wohlgefühl zu bekommen, können wir auch die Frage stellen: „Welches positive Gefühl möchtest du als Erstes zu dir einladen?" Häufig meldet sich dann die Zufriedenheit, die Hoffnung oder die Lebensfreude.

Anfangs kann dieses Gefühl sehr klein sein oder es hält sich sogar versteckt, aber nach und nach gibt der Klient diesem Gefühl die Erlaubnis, sich in seinem Körper auszubreiten, bis es ihn ganz ausfüllt. Zu dem ersten positiven Gefühl dürfen sich ein zweites und ein drittes gesellen, bis der Klient „satt" ist. In diesem Zustand heilt die Angst an der Wurzel und Sorgen um Krankheit, Einsamkeit und finanzielle Schwierigkeiten werden anders erlebt. Während der Klient seinem inneren Frieden ein Stückchen näher kommt, kann Heilung stattfinden.

Eine Klientin wünschte sich beispielsweise „innere Freude". Als sie in Kontakt mit dieser Freude kam, bat ihre Freude sie um mehr Aufmerksamkeit und Respekt. Die Freude wünschte sich, täglich von ihr besucht zu werden. Sie schlug vor, dass die Teilnehmerin öfter langsame Spaziergänge in der Natur machen solle, so langsam, dass sie einzelne Blüten und Schmetterlinge beobachten könne. Außerdem solle sie darüber nachdenken, etwas weniger Zeit mit Freunden am Telefon und stattdessen mehr Zeit mit sich alleine zu verbringen. Nachdem die Freude ihr dies alles mitgeteilt hatte, wurde die Teilnehmerin sehr ruhig, sehr entspannt und ein fast entrücktes Lächeln trat auf ihr Gesicht. Sie sprach sehr lange nichts mehr, sondern genoss offensichtlich diesen Zustand. Es schien, als würde sich ihre innere Freude auch über sie hinaus ausbreiten, denn wir alle im Raum waren auf einmal auch voller Freude. Anschließend erzählte sie uns, sie hätte sich in einem Zustand des totalen Glücks befunden, in einem Zustand des „Einsseins mit der ganzen Welt". So etwas hätte sie noch nie zuvor erlebt.

9. Gefühle wahrnehmen

„Mein Schmerz, ich spüre dich."

Nachdem uns ein Klient mitgeteilt hat, dass er eine Empfindung im Körper wahrnimmt oder ein Gefühl, eine Emotion beobachtet, beispielsweise einen Schmerz in der Magengegend oder eine Wut, bitten wir ihn, diese Empfindung oder dieses Gefühl laut anzusprechen: „Mein Schmerz im Magen, meine Wut, ich begrüße dich."

Manchmal drücken sich die Klienten jedoch diffuser aus, beispielsweise so: „Ach, ich bin noch ganz unruhig." Dann lassen wir sie die Worte wiederholen: „Meine Unruhe, ich spüre dich, ich begrüße dich." Oder sie sagen: „Ich bin so sauer auf meinen Chef", dann sprechen wir ihnen vor: „Meine Wut auf meinen Chef, ich spüre dich, ich begrüße dich." Wir sprechen also die Unruhe, die Wut, den Schmerz als eigenständiges Wesen an und teilen der Emotion auf diese Weise mit, dass wir sie wahrnehmen. Indem der Klient die Emotion anspricht, wird das Gefühl entweder heftiger oder es löst sich langsam auf. Auf jeden Fall kommt es zu einer Energiebewegung und dadurch immer zu einer Veränderung des empfundenen Gefühls. Im Laufe einer Sitzung durchleben die Klienten eine Reise durch körperliche Empfindungen, Bilder und Emotionen, die einander abwechseln, die sich verändern und entwickeln.

Ein weiterer Heilungsweg führt über innere Bilder. Klagt eine Klientin beispielsweise über einen diffusen Schmerz an einer Stelle ihres Körpers, können wir die Frage stellen: „Hat dieser Schmerz eine Farbe, ist diese Farbe eher hell oder eher dunkel? Hat dein Schmerz eine Form, ist er rund oder eckig? Empfindest du ihn eher als weich oder hart?" Auf diese Weise bekommt der Schmerz eine Konsistenz, er wird zu einem Bild, mit dem weiter gearbeitet werden kann. Bei einer Frau wurde der Schmerz zum Beispiel zu einer Röhre, in die sie hineinschauen konnte. Sie kroch schließlich hindurch und sah am Ende ein Licht, das ihren weiteren Weg beleuchtete. Ein Klient verwandelte den Schmerz in einen Bretterzaun, der so niedrig war, dass er darüber steigen konnte und in einem wunderschönen Garten lan-

dete. Hier fühlte er sich wohl und konnte die bildhafte Atmosphäre für positive Gefühle nutzen.

Kann ein Klient keine inneren Bilder wahrnehmen, hilft uns die folgende Frage weiter: „Kennst du diesen Schmerz?" Wird diese Frage bejaht, fragen wir außerdem: „Wann ist er zum ersten Mal aufgetaucht, wie alt warst du zu diesem Zeitpunkt?" Fast immer ist der Klient zwischen zwei und sechs Jahre alt gewesen, manchmal auch jünger, als er den Schmerz zum ersten Mal wahrgenommen hat. Der äußere Schmerz führt jetzt zum inneren Schmerz und legt ein Gefühl frei. Der Klient erlebt sich als das kleine Kind von damals, fühlt sich alleingelassen und sehr traurig. Seine Traurigkeit kann nun aufgegriffen und als roter Faden weitergeführt werden.

Andere Klienten führen eine ganze Palette von Unpässlichkeiten auf, ein Kratzen hier, eine Unsicherheit dort und noch einen Schmerz dazu. Eine unserer Möglichkeiten besteht darin, jede einzelne Empfindung nacheinander zu bearbeiten, oder wir lassen sie von dem Klienten zu einem Gesamtbegriff verschmelzen: „Wenn Sie diese Empfindungen zusammenfassen zu einem Wort, einem Gefühl, wie würden Sie dieses Gefühl dann benennen?" Ein eindrucksvolles Beispiel dafür gab Anja, die eiskalte Hände, Übelkeit und Kälte im Bauch, eine erstarrte Gesichtshälfte und einen Kloß im Hals folgendermaßen zusammenfasste: „Eiskaltes Stressgefühl".

Nach der „Begrüßung" des Gefühls bleiben wir still, machen eine

Pause und geben dem Klienten die Möglichkeit, mit seinem Gefühl in Kontakt zu treten, um uns dann mitzuteilen, wie dieses Gefühl reagiert hat. Oft kommt es bereits an dieser Stelle der Begleitung zu einem Dialog und das Gefühl sagt beispielsweise: „Na endlich nimmst du mich wahr und kümmerst dich um mich." Dann erst wenden wir uns dem nächsten Schritt zu.

10. Gefühle annehmen

„Mein Gefühl, ich danke dir."

Normalerweise will ein Klient ein Gefühl, das er als lästig und furchterregend empfindet, unterdrücken oder „weg haben". Dem Gefühl zu danken, ist für ihn fremd und ungewöhnlich.

Gewichtige Gründe sprechen dafür, dem Gefühl, welcher Art auch immer, zu danken. Wir danken dem Empfinden, beispielsweise dem Schmerz, dafür, dass er sich zeigt und wie ein rotes Lämpchen aufleuchtet, um uns darauf aufmerksam zu machen, dass etwas fehlerhaft in unserem Körper ist. Erst die Wahrnehmung des Schmerzes lässt uns darauf reagieren und Schlimmeres verhindern. Ein Klient fühlte zum Beispiel eine Enge in der Brust. Bei näherem Nachfragen erwies sich die Enge als ein Metallband um sein Herz. Dieses Metallband hat möglicherweise den Klienten vor weiteren Verletzungen seines Herzens bewahrt.

Es gibt immer einen Grund für das Erscheinen der als unangenehm empfundenen Gefühle. So kann Zorn eine Reaktion auf erlittenes Unrecht sein. Wenn wir ihm danken und die Ursache der erlittenen Ungerechtigkeit verstehen, wird sich der Zorn verringern, auflösen oder uns helfen, die Verhältnisse zu ändern.

Wie wir bei unserer Ja-Nein-Danke-Übung immer wieder erfahren können, ist das Wort „Danke" der Schlüssel zur Veränderung. Indem wir dieses Wort vom Klienten aussprechen lassen, ermöglichen wir eine Verwandlung in seinem gesamten Energiefeld: Dinge kommen in Fluss, schmerzhafte Gefühle ändern sich und die Kraft seines Zorns kann positiv genutzt werden. Betrachten wir den Zorn als unseren Freund, verleiht er uns Kraft und Mut und zeigt uns, welche ungeheuren Energien wirklich in uns stecken.

Eine ablehnende Haltung ist eine negative Haltung, eine negative Einstellung. Um eine positive Veränderung zu erreichen, müssen wir zuallererst eine positive Haltung annehmen. Das kleine Wort *Danke* ist dabei eine sehr große Hilfe. Indem wir uns bei dem uns unangenehmen Gefühl wie Zorn oder Angst bedanken, verwandeln wir unsere ablehnende Haltung in Dankbarkeit, in eine positive Einstellung. Menschen mit einer gelassenen, positiven Haltung fühlen sich besser, ihr Energiefeld ändert sich und eine andere Denk- und Empfindungsweise wird möglich.

11. Gefühle lieben

„Mein Gefühl, ich liebe dich."

Liebe fließt, wohin sie will. Kommen die Worte: „Mein Schmerz, ich liebe dich", direkt aus dem Herzen, wird der Klient einen Liebesstrom erleben, der wärmend, reinigend und heilend in den Schmerz und um ihn herum fließt. Liebesenergie ist die feinste, aber kraftvollste Energieform und sie ermöglicht dem Klienten, den Schmerz als einen Teil seines Körpers zu erleben. Ohne Mühe kann er ihn jetzt annehmen und sein Verhalten ihm gegenüber verändern. Die Worte: „Ich liebe dich", verändern die Energie. Aus einer negativen, ablehnenden Haltung wird eine positive Zuwendung. Ein negatives Gefühl wird nicht mehr als Feind betrachtet, gegen den wir kämpfen und Krieg führen müssen, sondern es wird zu einem Freund, den wir akzeptieren, wertschätzen und mit dem wir friedlich kommunizieren können. Ist es einem Klienten nicht möglich, dem unangenehmen Gefühl diese Liebeserklärung zu machen und die drei Worte: „Ich liebe dich" auszusprechen, gelingt es ihm möglicherweise mit einer weniger emotional besetzten Wortwahl:

➤   "Mein Gefühl, ich nehme dich in Liebe an."

➤   "Mein Gefühl, du gehörst zu mir."

12. Gefühle befragen

„Mein Schmerz, kann ich etwas für dich tun?"

Das Revolutionäre in der EmotionalKörper-Therapie geschieht an dieser Stelle. Nachdem wir den Schmerz oder die Krankheit angenommen haben, hören und beobachten wir, welche Lösungen uns unser Körper anbietet. Die Antworten auf alle Fragen kommen direkt aus unserem Bauchgefühl oder unserer körpereigenen Weisheit.
Die Frage: „Kann ich etwas für dich tun?" wird laut gestellt und die Antworten, die aus dem Innersten kommen, sind meist klar, einzigartig und individuell, oft überraschend oder sogar lustig. Es kann sein, dass sich ein Schmerz ganz praktische, äußerliche Hilfe wünscht, beispielsweise bei einem Schmerz im Fuß: „Kaufe dir andere Schuhe." Oder bei einer Depression, wie im Fall einer Pianistin geschehen: „Ziehe um in eine Sonnenwohnung." Ihr kamen Zweifel: „Eine Sonnenwohnung, na, so einfach geht das doch nicht." In so einem Fall stellen wir dem Schmerz weitere Fragen, zum Beispiel: „Was kann ich als Erstes tun, wie kann das geschehen, wo kann ich mir Hilfe holen?" Ein gestresster Manager erhielt die Antwort: „Schalte beim Autofahren dein Handy aus. Genieße den Fahrtweg als Ruhepause zwischen den Terminen." Nach der Sitzung war er sehr überrascht darüber, nicht schon früher auf diese scheinbar einfache Idee gekommen zu sein und setzte sie sofort in die Tat um.
Wenn die Frage: „Kann ich etwas für dich tun?" gestellt wird, befinden sich die Klienten bereits in einem sehr entspannten Zustand, aus

dem heraus ihre Aufmerksamkeit auf das „Bauchgefühl" völlig neue Perspektiven eröffnet.

Bei der Behandlung einer schwangeren Klientin mit Atemnot antwortete diese auf die Frage: „Was kann ich für dich tun?" folgendermaßen: „Lass Susanna ihre Hände auf deinen Bauch legen." Susanna tat das und unter ihren Händen drehte sich das Kind im Bauch der Klientin und kam in eine Lage, die ihr das Atmen erleichterte.

Ein Beispiel, wie konkret die Hinweise oft sind, ist die Geschichte von Conny. Susanna berichtet: „Conny kam zu mir, nachdem bei ihr Brustkrebs diagnostiziert worden war. In unserer ersten Sitzung sprach Conny mit ihrem Tumor: ‚Was kann ich für dich tun?' ‚Gar nichts, mein Kind, aber du kannst etwas für dich tun. Während der Chemotherapie brauchst du viel Wärme.' Sie erzählte ihrem Mann von dieser Sitzung. Er hatte ihr an diesem Tag eine wunderschöne goldene Kette gekauft, um ihr eine Freude zu bereiten. Noch hatte er ihr nichts davon erzählt. Am nächsten Tag brachte er die Kette in das Kaufhaus zurück und tauschte sie gegen eine Daunenweste und eine Kashmirjacke um. Conny trug die Jacke täglich, auch nachts, genoss die Wärme, die sie ihr gab und die Herzenswärme ihres Mannes."

Dies ist jetzt ein Jahr her und sie hat die Chemotherapie gut überstanden.

Manchmal macht der Schmerz oder das Symptom Vorschläge, beispielsweise: „Ändere deine Essgewohnheiten, du benötigst mehr Proteine" oder „Werde langsamer" oder „Werde schneller, renne, laufe, beweg dich, tanze, singe" oder „Beschäftige dich mit bestimmten Dingen, die dir guttun, die dich entspannen, beispielsweise malen, ein Instrument spielen" oder „Vergib dir oder einer anderen Person."

Wir bitten unsere Klienten, sich diese Vorschläge vorzustellen, und zwar während der Sitzung.

Aufgrund unserer Erfahrungen wissen wir, dass wir emotionale Veränderungen bewirken, indem wir den Forderungen unserer Gefühle bereits in der Imagination nachkommen. Wünscht der Schmerz beispielsweise: „Schreie deine Wut hinaus", so ermuntern wir den Klienten, in seiner Vorstellung so lange und so heftig zu schreien, bis er selbst genug davon hat.

Nach unseren Erfahrungen in der Arbeit mit der EKT ist die Vorstellung einer Handlung mindestens ebenso erfolgreich wie das Ausagieren in der Realität. Entscheidend für den Heilungsprozess ist das intensive Erlebnis eines Gefühls und die dabei hervorgerufene Emotion. Wir begleiten den Klienten durch seine inneren Bilder, lassen ihn diese Bilder erleben und fühlen – mit so wenig Lenkung unsererseits wie möglich, doch so viel Unterstützung wie nötig.

Auf die Frage: „Kann ich etwas für dich tun?" werden Klienten manchmal aufgefordert, extreme Dinge zu tun, beispielsweise zu fallen, völlig loszulassen, auf den Grund des Meeresbodens zu sinken, zu schweben, zu fliegen, sich aufzulösen, zu ertrinken, zu sterben. Hier ist Begleitung unerlässlich! Wir erinnern die Klienten daran, dass die Aufforderung, die sie vernehmen, nur ein Bild ist, ein Symbol, dass wir in Wirklichkeit hier bei ihnen sind und sie sicher auf einer Couch in einem Raum liegen und sich deswegen erlauben dürfen, in diese Bilder hineinzugehen.

Die Belohnung, die wir im Anschluss an eine solche Aufforderung bekommen, ist meistens großartig. Die Klienten lassen los und fliegen oder sterben in ihrer Imagination, und es scheint, als würden sie damit in eine andere Dimension gelangen. Aus dieser Dimension bekommen die Klienten oft Ratschläge oder Botschaften, die sie selbst überraschen und beglücken.

Sehr genau kann sich Susanna an die erste Aufforderung dieser Art erinnern. Eine Klientin wurde aufgefordert, sich von einem Roboter zerhacken zu lassen. Damals war Susanna unschlüssig und unsicher. Sollte sie es wagen, die Klientin in dieses Bild zu begleiten? Beide baten gemeinsam um höhere Führung und Unterstützung und der Prozess lief ganz von alleine weiter. Die Klientin wurde zerstückelt, nicht brauchbare Teile wurden entfernt und sehr schnell wurden Einzelteile neu zusammengesetzt. Sie fühlte sich wie neu geboren und berichtete später, dass ihr bis dahin vorhandenes Symptom verschwunden war.

Manchmal werden wir gebeten, zu vergeben: Der Mutter, dem Vater, sich selbst oder anderen Personen. Wenn wir uns und anderen vergeben können, werfen wir inneren Ballast ab – das Leben wird frei für neue Dinge.

13. Positive Gefühle einladen

Ist der Schmerz mit Hilfe der EKT geringer geworden und hat die Angst ihre Vormachtstellung verloren, erzählen die Klienten häufig von einem leeren Raum, den sie in sich wahrnehmen. Naturgemäß fürchten wir uns vor der Leere. Wir trachten danach, unsere Leere irgendwie zu füllen. Bevor wir das tun, wollen wir diese Leere begrüßen und in Liebe annehmen. Mit der Leere Freundschaft zu schließen macht uns frei dafür, uns einfach daran zu erfreuen, was ist. Wir halten es eine Weile aus, nichts zu wollen, nichts zu kontrollieren. In diesem Zustand wächst unsere Bereitschaft, Gefühle einzuladen, die uns guttun. Nach einer Zeit der Stille breitet sich oft von allein ein positives Gefühl, wie Ruhe, Gelassenheit oder Leichtigkeit in dem Klienten aus. Will sich kein positives Gefühl einstellen, unterstützen wir ihn, indem wir fragen: „Gibt es ein positives Gefühl, das du einladen möchtest, beispielsweise die Freude?" Sobald der Klient die Freude oder ein für ihn entsprechendes Gefühl in sich wahrnimmt, lassen wir ihm Zeit, damit sich dieses Gefühl in seinem Körper ausbreiten kann. Häufig lädt er noch ein zweites und drittes positives Gefühl ein und kommt in einen Zustand des Glücks.

Dieser Zustand kann auch zu einem späteren Zeitpunkt wiederhergestellt werden, indem der Klient sich an ihn erinnert. Wir bitten den Klienten, sein wunderbares Gefühl zu fragen, ob es bei ihm bleiben und wiederkommen möchte. Häufig kommt dann als Antwort, dass es sich einen Platz im Körper eingeräumt hat und jederzeit bereit ist, sich wieder zu zeigen, wenn es gerufen wird. Jede Emotion wird als Erinnerung im Emotionalkörper gespeichert. Deshalb ist es uns möglich, uns daran zu erinnern, sobald wir es uns wünschen, bzw. in die damit verknüpften Bilder einzutauchen.

14. Dank

Wir bitten die Klienten, falls sie nicht von sich aus darauf kommen, zu schauen, bei wem sie sich am Ende einer Sitzung bedanken möchten. Manche Klienten bedanken sich bei sich selbst, bei ihren Engeln oder Meistern, andere bei Gott und einigen genügt ein laut ausgesprochenes *Danke*. Wir bedanken uns bei unseren Klienten dafür, dass sie den Mut hatten, sich ein Stückchen mehr auf sich selber einzulassen, und dafür, dass sie uns vertrauten.

Meistens kehrt der Klient nach dem Dank von sich aus in sein volles Bewusstsein zurück. Dies kann langsam erfolgen oder manchmal auch ganz plötzlich, so als würde sein Unbewusstes sagen: „Bis hierher – und nicht einen Schritt weiter."

Eine junge Frau, die in ihrer Vorstellung auf dem Grund des Ozeans angekommen war, sah sich an die Oberfläche schweben. Die Wasseroberfläche war jedoch zu fest, um hindurchzukommen. In ihrer Vorstellung hatte sie einen Schnabel und pickte so lange gegen die harte Oberfläche, bis ein Loch darin entstand. Sie sah sich durch das Loch hindurchschwimmen und im gleichen Moment kam sie in ihr Wachbewusstsein, setzte sich aufrecht hin und schlug die Augen auf. Eilig stand sie auf und verließ den Raum, fast ohne sich zu verabschieden. Einen neuen Termin haben wir später telefonisch vereinbart.

15. Hilfen und weiterführende Maßnahmen

In unserer Arbeit lassen wir den Klienten viel Raum und haben viel Geduld. Manchmal müssen sich die inneren Bilder oder die Gefühle erst entwickeln, das kann schnell gehen oder auch minutenlang dauern. Ermutigende Sätze wie: „Du hast alle Zeit, die du brauchst" oder „Du hast alle Zeit der Welt" vertiefen die Entspannung bei den Klienten und befreien sie vom Druck, etwas Bestimmtes tun zu müssen. Es gibt allerdings auch Situationen, in denen es einfach nicht weitergeht. Der Klient dreht sich mit seinen Problemen im Kreis. Oder eine Vorstellung erscheint ihm zu bedrohlich. In solchen Situationen bitten wir den Klienten, die folgenden Worte zu wiederholen: „Ich bitte um Hilfe und Unterstützung" oder „Ich bitte um Führung und Unterstützung." Diese Worte wirken wie eine sich öffnende Tür zu einem neuen Raum, sie sind ein wirklicher Joker. Danach lehnen wir uns zurück und können darauf vertrauen, dass jetzt ein neuer Impuls kommt, der die Sitzung voranbringt.

Wir geben den Klienten nach einer Begleitung auch gern ein Blatt und einen Stift in die Hand, damit sie die wichtigsten Ereignisse aus der Sitzung aufschreiben können. Dies soll ihnen helfen, sich später an ihre Bilder und Erlebnisse der letzten EKT-Sitzung zu erinnern. Aufbauende Bilder und Gedanken lassen sich auf diese Weise, ohne dass wir dabei sind, wiederholen und festigen. Veränderungen werden dadurch begünstigt.

Bei längeren Prozessen empfehlen wir das Führen eines Tagebuchs. Meist verschafft es dem Klienten mehr Klarheit und es fällt ihm leichter, Gefühle zu benennen. Außerdem ist es interessant, nach einiger Zeit in dem Tagebuch nachzulesen, was einen früher bedrückt hat und was man schon verwandeln konnte.

Fallbeispiele

Wortwörtliches Übungsbeispiel einer Therapiesitzung

Damit Sie sich ein Bild davon machen können, wie wir die Emotional-Körper-Therapie in unserer Praxis anwenden, möchten wir zunächst am Beispiel von Eva eine Begleitung in ihren einzelnen Schritten skizzieren. Besonders eindrucksvoll ist hier, wie sie ihre vielen Empfindungen zu einem Gefühl zusammenfassen konnte, wie genau das Unbewusste der Klientin den Verlauf der Sitzung bestimmt und immer nur so viel zulässt, wie die Klientin im Moment verkraften kann. Eva ist Ärztin, es ist ihre erste Sitzung. Sie möchte unsere Behandlungsmethode kennenlernen und erhofft sich Hilfe bei ihrem gerade aktuellen Problem: Sie leidet unter Lampenfieber, wenn sie einen wissenschaftlichen Vortrag hält. Im Vorgespräch weist sie uns darauf hin, dass sie nur dieses spezielle Thema bearbeiten möchte.

(B: steht für Begleitung, K: für Klient)

B: „Bitte legen Sie sich entspannt hin."

Ich decke die Klientin zu.

B: „Bitte atmen Sie ein paar Mal tief ein und aus. Bitte kommen Sie ganz im Hier und Jetzt und in Ihrem Körper an, Sie fühlen sich wohl. Ich bitte Sie, sich mit dem zu verbinden, was Ihnen heilig ist."

An dieser Stelle verbinde auch ich mich mit dem, was mir heilig ist.

B: „Bitte wiederholen Sie laut: ‚Ich danke und bitte um höhere Führung und um Unterstützung.'"

K: „Ich danke und bitte um höhere Führung und um Unterstützung."

Nun schweige ich und lasse eine kleine Weile, vielleicht zwei Minuten, vergehen. Normalerweise würde ich nun die Frage „Was spüren Sie?" anschließen, jedoch hatte Eva ausdrücklich um die Bearbeitung eines speziellen und eingegrenzten Themas gebeten. Also schränke ich meine Eröffnungsfrage stark ein und führe sie direkt zu ihrem Problem.

B: „Bitte erinnern Sie sich genau an Ihren letzten Vortrag, spüren Sie genau nach, was Sie dort gefühlt haben, die Kälte, den Kloß im Hals, die Aufregung. Bitte beschreiben Sie mir, was Sie jetzt fühlen."

Eva hatte mir vorher die Symptome geschildert.

K: „Eiskalte Hände, Kälte und Übelkeit im Bauch, meine eine Gesichtshälfte ist wie erstarrt und kalt, ich habe einen Kloß im Hals."

B: „Wenn Sie diese Gefühle zusammenfassen sollten zu einem Gefühl, wie würden sie das Gefühl dann benennen?"

Für mich ist es sehr wichtig, dass die Klienten ihre eigene Sprache zu ihren Gefühlen finden.

K: *„Eiskaltes Stressgefühl."*

Dann bitte ich Sie, dieses eiskalte Stressgefühl laut zu begrüßen. Da Eva zum ersten Mal bei mir ist, sage ich die Sätze laut vor.

B: „Eiskaltes Stressgefühl, ich begrüße dich."

K: *„Eiskaltes Stressgefühl, ich begrüße dich."*

B: „Eiskaltes Stressgefühl, ich danke dir, dass du dich so klar zeigst."

Es gibt viele Gründe, einem negativen Gefühl zu danken. Oft hat es uns ja auch vor etwas beschützt. (Ich denke da an einen eisernen Ring um das Herz eines Freundes. Dieser Ring hat das Herz unter anderem auch vor weiteren Verletzungen geschützt.) Oft will es uns auf etwas aufmerksam machen. Da mir zu eiskaltem Stress nicht gleich eingefallen ist, wozu es gut war, kann ich mich doch wenigstens dafür bedanken, dass es sich zeigt. Dankbarkeit ist ein wesentlicher Schlüssel zur Auflösung von Symptomen und zur Heilung.

K: *„Eiskaltes Stressgefühl, ich danke dir, dass du dich so klar zeigst."*

B: „Ich nehme dich jetzt wahr und bin aufmerksam."

Wenn es geht, sollte der folgende Satz gesagt werden: „Ich liebe dich, mein Gefühl", aber manchmal, vor allem in der ersten Sitzung, ist das nicht so einfach.

K: „Ich nehme dich jetzt wahr und bin aufmerksam."

B: „Was kann ich für dich tun?"

K: „Was kann ich für dich tun?"

B: „Bitte beschreiben Sie mir laut, was passiert. Ändert sich das Gefühl oder antwortet das Gefühl, was passiert?"

K: „Es sagt, ich soll loslassen, aber ich weiß nicht, was ich loslassen soll."

Das Loslassen ist eine Bitte, die sehr oft von unseren Problemen in der EKT an uns gestellt wird. Wir werden gebeten, von alten Vorstellungen loszulassen, uns von längst Vergangenem zu verabschieden, von unseren Ängsten. Aber Loslassen ist uns nie beigebracht worden. Wie lässt man denn los, wenn sich die Gedanken um dieses Problem dauernd nur im Kreise drehen? Wir haben in der EKT dazu einen brauchbaren Weg gefunden: Wir sagen einfach laut: „Ich lasse los" und spüren in unseren Körper hinein, wie sich das anfühlt. Es scheint, als nehme der Körper die Schwingung der Sprache wahr und reagiere darauf. Eines kann ich Ihnen versichern: Es fühlt sich immer leicht und unbeschwert bei allen Klienten an. Und dieser Vorgang des

Laut-Aussprechens und des Fühlens scheint eine veränderte Haltung zu dem alten Problem hervorzurufen.

B: „Das weiß ich auch noch nicht, aber ich weiß einen Weg, wie man es herausfindet. Bitte wiederholen Sie ein paar Mal laut: ‚Ich lasse los.'"

K: *„Ich lasse los."*

Danach ist Eva still und ich lasse ihr ein paar Minuten Zeit. Ich nehme ihre Körpersprache wahr und sehe, wie sich ihre Hände entspannen und auch ihr Gesicht weicher wird. Der Atem wird ruhiger. Mit meiner Empathie bleibe ich bei ihr.

B: „Wie geht es Ihnen, was fühlen Sie, wo fühlen Sie es?"

K: *„Eine Sonne in der Mitte meines Bauches, die strahlt und alles erwärmt, auch meine Hände."*

Mit der Frage „Was kann ich für dich tun?" haben wir also eine Transformation der Symptome erreicht. Wir haben keine Begründung, warum die Symptome bestanden, keine Erklärung, seit wann sie bestanden, aber wir haben eine Umwandlung von Kälte in Sonne in Gang gesetzt. Aus der Erfahrung vieler Jahre können wir sagen, dass die Wirkung, also die Transformation, von Dauer ist.

Wieder ist Eva eine Zeit lang still.

B: „Wie geht es Ihnen jetzt, was spüren Sie?"

K: *„Das Kloßgefühl im Hals ist noch da, aber es ist kleiner geworden."*

B: „Kleines Kloßgefühl in meinem Hals, ich spüre dich."

K: *„Kleines Kloßgefühl in meinem Hals, ich spüre dich."*

B: „Kleines Kloßgefühl in meinem Hals, ich danke dir, dass du dich zeigst."

K: *„Kleines Kloßgefühl in meinem Hals, ich danke dir, dass du dich zeigst."*

B: „Kleines Kloßgefühl in meinem Hals, ich liebe dich."

K: *„Kleines Kloßgefühl in meinem Hals, ich liebe dich."*

B: „Was kann ich für dich tun?"

K: *„Was kann ich für dich tun?"*

Wieder macht Eva eine längere Pause. Beobachtend bleibe ich still neben ihr und gebe ihr das Gefühl, geborgen zu sein.

K: *„Noch mehr Loslassen sagt es, aber ich kann das nicht, denn wenn ich noch mehr loslasse, werde ich anfangen zu weinen und ich* *wüsste nicht, ob ich je wieder aufhören würde. Und ich weiß nicht, ob ich das im Moment könnte oder ob ich es überhaupt will."*

Natürlich weiß auch ich nicht, ob jetzt der richtige Moment ist, in die Tiefe zu gehen oder bei dem bisher Erreichten zu bleiben. Also gebe ich ihr mehr Zeit, damit sich eine Entscheidung entwickeln kann, und ich bitte innerlich um Klarheit und darum, dass die richtige Entscheidung getroffen werden möge. Ein Dankeschön ist immer richtig und führt meistens weiter.

B: „Danke, Kloßgefühl, für deinen Hinweis."

K: *„Danke, Kloßgefühl, für deinen Hinweis."*

K: *„Jetzt ist mir plötzlich ganz schwindelig."*

B: „Schwindel, ich nehme dich wahr."

K: *„Schwindel, ich nehme dich wahr."*

B: „Ich danke dir, dass du dich zeigst."

K: *„Ich danke dir, dass du dich zeigst."*

B: „Ich nehme dich in Liebe an."

K: *„Ich nehme dich in Liebe an."*

B: „Was kann ich für dich tun?"

K: „Was kann ich für dich tun?"

K: „Der Schwindel will helfen bei der Entscheidung, ob ich weiter loslassen soll oder nicht."

Jedes Gefühl bedarf der Aufmerksamkeit und des Dankes, denn oft verbirgt sich hinter einem negativen Gefühl etwas Positives, wie in diesem Fall. Ein als unangenehm empfundener Schwindel möchte eigentlich nur auf etwas aufmerksam machen, hier: Bei einer Entscheidung helfen.

An dieser Stelle habe ich das Gefühl, dass ihr Kopf nicht alleine entscheiden sollte, daher die nächste Frage:

B: „Nehmen Sie doch mal Ihren Schwindel an die Hand und gehen mit ihm zu Ihrem Herzen und bitten Ihr Herz um Mithilfe bei der Entscheidung."

K: „Bitte Herz, hilf uns bei der Entscheidung."

K: „Das Herz sagt, das kleine Kloßgefühl soll bleiben und zu einem späteren Zeitpunkt aufgelöst werden."

Der Atem von Eva wird wieder ruhiger. Sie hatte eine Entscheidung getroffen, genauer gesagt, ihr Inneres, ihr Herz und ihr Schwindel

(Kopf) haben entschieden. Selbstverständlich akzeptiere ich diese Entscheidung. Klaus Lange beschreibt in seinem Buch „Herz, was sagst du mir?" wie er Menschen in ihren inneren Erfahrungen begleitet. Er erläutert seinen Standpunkt dazu, den ich hier zitieren möchte, denn er spricht mir aus dem Herzen: „Ich muss mich nicht bemühen, den Menschen irgendwo hinzubringen, und auch nicht, ihn vor irgendetwas zu bewahren. Denn ich weiß mit Sicherheit, dass er von innen von seiner eigenen Seele geführt wird und genau das erlebt, was ihm entspricht."[1] Die Seele von Eva bat um Aufschub bis „zu einem späteren Zeitpunkt". Wir hatten also das Ende der Sitzung erreicht und es blieb nur noch, uns zu bedanken.

B: „Bedanken Sie sich bitte bei allen, die Ihnen geholfen haben, und kommen Sie zurück in die Gegenwart und in dieses Zimmer, wann immer Sie möchten."

K: *„Danke."*

Einige Wochen nach unserer Sitzung erhielt ich einen Brief von Eva, aus dem ich zitieren möchte:
„Sicher ist es für Sie auch schön zu hören, dass ich mich kürzlich bei einem Vortrag eines Kollegen zu Wort gemeldet habe und ganz ruhig nach vorn zum Mikrofon gehen konnte, um meinen Standpunkt zu sagen. Das hätte ich mich zuvor wahrscheinlich nicht leicht getraut. Ende Juni werde ich auch noch mal einen Vortrag halten und ich sehe dem diesmal gelassener entgegen. Ich werde Ihnen berichten, ob der Erfolg anhält."

[1] LANGE, Klaus: Herz was sagst du mir? 4. Aufl. Stuttgart: Kreuz-Verlag, 2001

Körperliche Ebene

Übergewicht

1. Beispiel

Das folgende Beispiel zeigt sehr schön, wie präzise und treffend die Antworten, die wir von unserem inneren Wissen erhalten, sein können. In diesem Fall entwirft das innere Wissen sogar einen genauen Speiseplan.

Eine Begleiterin berichtet:

Die etwas füllige Dame kam in meine Sprechstunde und war sehr unglücklich. Nach zahlreichen Anläufen hatte sie erneut mit einer Diät begonnen, merkte jedoch schon bald, dass ihr all die angebotenen Speisen nicht schmeckten und von Abnehmen gar keine Rede sein konnte. Sie bat um Rat.

Ich führte sie in ihren Körper und auf die Frage: „Was spürst du, was kannst du in dir wahrnehmen?", antwortete sie: „In meinem Bauch ist ein großes, heißes Knäuel, sieht aus wie ein Wollknäuel, ist aber wohl eher ein Darmgeknäule, es ist unangenehm." Der Satz „Mein Knäuel, ich liebe dich, was kann ich für dich tun?" führte zu einer Serie von Antworten des Knäuels:

„Nimm mich wahr, immer! Konzentriere dich vor dem Essen auf mich und du wirst wissen, was gut ist für dich und was dir schadet. Frage mich vor jedem Essen. Ich liebe dich und werde dir immer antworten."

Nun wurden unsere Fragen an das Knäuel genauer. „Was ist gut für mich, was ist gesund, womit kann ich abnehmen?" „Obst, aber nur in Maßen und als Zwischenmahlzeit."

„Gemüse, alle Sorten, aber nicht roh, sondern gegart. Für rohes Gemüse muss der Darm erst gesünder werden. Salat, aber nicht aus Tüten, und keine fertigen Salatsaucen, sondern wenig Öl und Zitronensaft, kein Essig. Kein rohes Müsli, sondern besser gekochte Haferflocken. Milch und Milchprodukte sind erlaubt, Joghurt ist gut als Zwischenmahlzeit. Geflügelfleisch und am besten Fisch. Kein Vollkornbrot, am besten gar kein Brot für einige Wochen. Kein Zucker. Keine Cola, keinen Kaffee, keinen Tee. Dafür Obst und Gemüsesäfte und viel Wasser oder Kräutertees. Leinsamen oder andere stuhlerweichende Biomittel."

Bei all diesen Antworten wurde das Knäuel immer kleiner, weicher und langsam konnte die Klientin ihre eigene Darmstruktur erkennen. Ich ließ sie laut wiederholen: „Heute Abend belohne ich mich, da esse ich ein Eis." Sofort verknäulte sich der Darm, wurde heiß und schmerzte. Die Klientin war tief beeindruckt. Ich ließ sie wiederholen: „Heute Abend belohne ich mich und esse eine kleine Schüssel frische Erdbeeren." Das Knäuel entspannte sich.

„Kann ich noch etwas für dich tun, mein Knäuel?" „Koche dir heute Abend eine Artischocke und iss sie mit wenig Öl und Zitronensaft." Ich gab ihr das Rezept. Später las ich in meinen Naturheilkundebüchern über die medizinische Wirkung der Artischocke: Galletreibend und verdauungsfördernd.

Zwei Wochen später sah ich die Klientin wieder. Sie erzählte mir, sie sei mit ihrem Knäuel im Darm in Kontakt geblieben und könne es oft

spüren. Sie hatte vier Pfund abgenommen, was sie als wenig emp-
fand, aber sie war sehr dankbar und wirkte entspannter. Seit dieser
Diät, die ihr im Übrigen sehr gut schmeckt, hat sie viel mehr Energie
und fühlt sich besser. Nun macht auch ihr Mann bei dieser Diät mit.

2. Beispiel

Eine Begleiterin berichtet:

Carolyn kam zu mir und meinte,
ihr größtes Problem sei es, fünfzig
Pfund zu schwer zu sein. Sie hasse
sich dafür, weil sie wusste, welche
gesundheitlichen   Konsequenzen
Übergewichtigkeit haben kann. Sie
sprach von erhöhtem Cholesterin-
spiegel, der Gefahr des Diabetes
und von ihren vielen Diäten, die er-
folglos hinter ihr lagen.

Bei dem ersten Satz: „Mein Gewicht, ich spüre dich" flossen sofort
Tränen und Carolyn konnte eine immense Schwere im gesamten Körper wahrnehmen. Auf ihre Frage: „Meine Schwere, ich liebe dich, was
kann ich für dich tun?" hörte Carolyn zwei innere Stimmen gleichzeitig. Die eine sagte: „Akzeptiere mich", die andere: „Lass mich los."
Ich bat Carolyn, erst mit der einen Stimme und dann mit der anderen
zu sprechen.

Zur ersten Stimme sagte sie: „Schwere, ich akzeptiere dich." Sofort entspannte sich ihr Gesicht und eine innere Ruhe und Gelassenheit breiteten sich in ihr aus.

Sie genoss diesen Zustand einen Moment lang und wandte sich dann der zweiten Stimme zu: „Schwere, kann ich etwas für dich tun?" Die Antwort kam sehr schnell: „Vertraue dir selbst."

Ich bat Carolyn, die Worte „Ich vertraue mir selbst" laut zu wiederholen und während des Sprechens aufmerksam im Körper nachzuspüren, wo diese Worte ihre Resonanz fänden und welche Reaktion sie auslösten. Carolyn tat, worum ich sie bat und berichtete, dass sie diese Worte in ihrem Magen spüren könne. Die Magengegend wurde durch diese Hinwendung ganz warm und wohlig, und es stellte sich ein Gefühl von „Sattsein" ein.

Sie war überrascht.

Carolyn erzählte, sie hätte schon früher mit Affirmationen gearbeitet. Nun wolle sie die neue Affirmation vor jedem Bissen, den sie sich in den Mund schob, benutzen, um mit ihrer Hilfe das Gefühl im Magen wahrzunehmen, und danach entscheiden, ob sie diesen Bissen wirklich vertilgen wolle.

Als ich sie ein halbes Jahr später wieder sah, war sie schlanker geworden und sah bedeutend besser aus. Was war geschehen? Sie hatte die Affirmation nicht nur vor dem Essen benutzt, sondern den ganzen Tag über auch vor Tätigkeiten ihres normalen Lebens und vor allem vor dem Einschlafen. So kam es, dass sie nun ruhiger schlafen und sich rundum gesund fühlen konnte.

Migräne

Ellen war 37 Jahre alt und erstmals in der siebten Woche schwanger. Die Schwangerschaft war nicht geplant. In ihr sträubte sich alles, ihre Freiheit aufgeben zu müssen. Gleichzeitig merkte sie, wie sie zusehends öfter in Kinderwagen schaute und Babys betrachtete. „Eigentlich wäre jetzt doch ein guter Zeitpunkt", dachte sie. Sie war verunsichert, im Grunde wusste sie im Moment gar nicht, was sie wollte.

Sie bat um eine Begleitung, weil sie seit drei Tagen von halbseitigen migräneartigen Kopfschmerzen geplagt wurde. Nach der Einleitung begann Ellen mit dem Schmerz im Kopf Kontakt aufzunehmen.

Ellen: „Schmerz ich spüre dich."

Der Schmerz schweigt.

„Kann ich etwas für dich tun, Schmerz?"

„‚Nein, ich will kein Kind', sagt er."

„Der Schmerz verstärkt sich und zieht sich den linken Hals hinunter bis zum Herz, dann in den Unterleib. Der Schmerz wird stärker, fast nicht mehr aushaltbar, mein Kopf platzt fast. Jetzt spricht mein Kopf zu mir und sagt: ‚Ich hätte besser aufpassen müssen.'"

„Hallo Kopf, ich höre und fühle dich!"

Ellen hört ihren Kopf antworten:

„Ich hätte mich mehr anstrengen müssen. Ich hätte es dir deutlicher sagen müssen. Ich habe versagt! Ich habe beim Wichtigsten versagt! Ich sollte doch aufpassen, dass du nicht schwanger wirst, dass du deine Freiheit behalten kannst. Ich schäme mich. Du durftest nicht schwanger werden. Ich hätte es dir sagen müssen."

Der Kopf war verzweifelt. Ihm war über all die Jahre aufgetragen worden, genauestens auf eine natürliche Geburtenkontrolle zu achten und immer hatte er seine Arbeit präzise ausgeführt. Auch diesmal hatte er gewarnt. Laut gewarnt, es könnte zu einer Schwangerschaft kommen, und Ellen hatte es gewusst. Sie hatte gewusst, sie könnte in dieser Nacht schwanger werden, und hatte sich dennoch eingelassen. Sie hatte ihre Verbote in vollem Bewusstsein übertreten, aber sie hatte den Kopf, den Wächter, nicht eingeweiht. Er glaubte immer noch, er hätte stärker warnen müssen, und er hatte keine Muster, keine Handlungsanweisungen für eine eingetretene Schwangerschaft.

Dies alles wurde Ellen mit einem Mal klar. Sie verstand nun ihren Kopf und die Migräne.

In anderen Therapiemethoden ist die Behandlung an dieser Stelle abgeschlossen. Die Ursache des Symptoms „Kopfschmerz" ist in das Bewusstsein gedrungen und erkannt und damit, nimmt man an, wird sich das Problem von alleine lösen. In der EKT gehen wir an dieser Stelle weiter und lassen die Auflösung des Konfliktes auch fühlen.

Ellen: „Mein Kopf, ich danke dir für deine Fürsorge."

Der Kopf blieb still, aber der Schmerz wurde weniger. Nun wandte sich Ellen an ihren Bauch.

Ellen: „Danke, Bauch, dass du all die Jahre kraftvoll geblieben bist, obwohl ich dich oft unterdrückt hatte und dich nicht hören wollte."

Der Bauch reagierte mit einem wohligen Gefühl, das sich im gesamten Bauchraum ausbreitete und Wärme ausstrahlte. Ellen genoss diese Wärme und ging dann mit ihrer Aufmerksamkeit zurück zum Kopf. Ellen: „Mein Kopf, du bist sehr stark. Du hast mich all die Jahre beschützt und unterstützt. Du warst immer für mich da. Du hast dein Bestes gegeben. Ich danke dir dafür sehr. Auf dich konnte ich mich immer verlassen. Aber, mein Kopf, ihr gehört doch beide zu mir."

Am Ende dieser Worte meldete sich der Bauch wieder mit einem lauten Grummeln. Er sprach jetzt direkt zum Kopf: „Du hörst nicht auf mich, Kopf, ich bin stark und ich bin auch dein Fundament. Du kannst dich bei mir entspannen. Du musst nicht für mich denken. Wir arbeiten doch beide für Ellen." Als Antwort des Körpers breitete sich das wohlige Gefühl im Bauch weiter aus und drang jetzt auch bis in Ellens Kopf vor.

Ellen: „Danke an euch beide, dass ihr für mich da seid und mich unterstützt."

Ein nicht gekannter tiefer Frieden kam über Ellen. Völlig entspannt lag sie auf der Couch. Zur Schwangerschaft gab es jetzt vom Kopf kein „Nein" mehr. Ellen fühlte auch keine Zerrissenheit mehr in sich. Der Kopfschmerz war völlig verschwunden. Sie begann, sich auf das Kind zu freuen.

Bauchweh

Eine junge Klientin litt unter Schmerzen im Unterleib. Ihre Schmerzen waren unabhängig von ihren monatlichen Blutungen und traten im letzten halben Jahr fast täglich auf.

Während der Begleitung begrüßte sie ihre Schmerzen und spürte ein Ziehen und Drücken in ihrer Gebärmutter. Umgehend stellten sich Trauer ein und auch Angst.

„Ich glaube, diese Schmerzen stehen im Zusammenhang mit dem Missbrauch in meiner Jugend. Aber das ist mir jetzt alles viel zu heftig, eigentlich will ich es wissen und dann wieder nicht." Sie bat um Hilfe und um Unterstützung.

Ihre Gesichtszüge veränderten sich drastisch und ein erstauntes Lächeln huschte über ihr Gesicht. „Ich sehe drei Rosen in meinem Inneren und weiß nun ganz sicher, dass Heilung auch von hier aus, *ohne in die Vergangenheit zu gehen*, möglich ist. Ich sehe ein Licht in meiner Gebärmutter, das sich langsam ausbreitet. Es ist weiß und heilend. Von den Schmerzen und von dem Verletztheitsgefühl spüre ich nichts mehr. Es ist jetzt gut so, aber ich glaube, dass der Heilungsprozess in den nächsten Tagen noch weitergeht."

Ihre Unterleibsbeschwerden waren nach einer Woche verschwunden.

Tinnitus

Eine Begleiterin berichtet:

Reginas Tinnitus' begann während ihrer Wechseljahre. Zuerst vernahm sie nur ein leises Rauschen in einem Ohr, dann in beiden Ohren. Später hörte sie ihren Herzschlag und als sie zur EKT-Begleitung kam, hörte sie ständig einen hochfrequenten Ton. Sie litt sehr darunter und hatte sich angewöhnt, das Radio einzuschalten, um die Geräusche in ihren Ohren zu übertönen. „Mein Tinnitus ich höre dich", begannen wir die Sitzung. Der Ton wurde so laut, dass sie beide Hände an die Ohren legte, so schmerzte es sie. „Mein Tinnitus, ich fühle dich." „Du hörst uns doch nie zu", sagten ihre Ohren zu ihr. „Meine Ohren, ich höre euch jetzt zu und ich liebe euch." Die Ohren lauschten ganz aufgeregt und machten ihr dann ein paar ungewöhnliche Vorschläge. Sie baten sie, ihre Schädeldecke zu öffnen, sodass der Druck in den Ohren entweichen konnte. Diese Vorstellung amüsierte Regina. Das hochfrequente Geräusch wurde leiser. Jetzt wollten die Ohren Ruhe. Sie wollten in die Natur, wo es keine künstlichen Geräusche gibt. „Reicht es, wenn ich mir das nur vorstelle?" Die Ohren antworteten: „Ja, für heute, aber am Wochenende wollen wir wirklich in den Wald." Regina sah vor ihrem inneren Auge, wie ihre Ohren auf einem Waldpfad entlang schlenderten, leise miteinander flüsterten und sich sichtlich wohlfühlten. Der Tinnitus war nochmals leiser geworden, aber immer noch da. „Meine Ohren, was kann ich noch für euch tun?"

„Begleite uns an den Ort deiner inneren Stille in deinem Körper."

„Regina, bitte wiederhole: ‚Ich begrüße den Ort meiner inneren Stille in meinem Körper.'"

„Diesen Ort hat es schon so lange nicht gegeben, ich weiß nicht, wo er ist, alles was ich fühle, ist eine immense Traurigkeit und ein Druck hinter den Augen." Und die Tränen begannen zu kullern. „Meine Traurigkeit, ich spüre dich."

Die Traurigkeit hatte ihr viele persönliche Dinge zu sagen, vor allem aber erinnerte sie die Traurigkeit an ihr Bedürfnis, immer „perfekt" sein zu müssen. „Manchmal ist die Welt unperfekt und trotzdem ist sie gut." Eine Wahrheit, die für Regina nur schwer zu akzeptieren war.

Der Erfolg dieser Begleitung bestand darin, dass sie jetzt abends in ihrer Vorstellung ihre Ohren in den Wald begleitete und dabei leicht einschlief. Der laute, hochfrequente Ton war leiser und eine Oktave tiefer geworden. Den Ort ihrer inneren Stille findet sie seitdem in ihrer täglichen Meditation.

Gespräch mit einem Ungeborenen

Frau S. war schwanger mit ihrem ersten Sohn. Sie war glücklich, aber die bevorstehende Geburt löste Ängste in ihr aus. Die Begleiterin bat sie, mit ihrer Aufmerksamkeit in die Gebärmutter zu gehen und ihr zu berichten, was sie wahrnähme. Frau S. legte beide Hände auf ihren Bauch und konnte mit ihren inneren Augen ihren Sohn sehen. Sie sprach ihn an:

„Mein Sohn, was kann ich für dich tun?" Seine Antworten kamen sehr klar und präzise. Er teilte seiner Mutter mit, dass er schon eine Woche vor dem geplanten Geburtstermin das Licht der Welt erblicken würde. Und er könne ihr ganz sicher sagen, dass er wisse, wie seine Geburt vor sich gehen würde und sie sich auf seine Unterstützung beim Geburtsvorgang verlassen könne. Frau S. war tief berührt über die Worte ihres Sohnes. Sie spürte, wie sie weicher wurde und ihre Angst in den Hintergrund trat.

Ihr Sohn wurde tatsächlich vor dem errechneten Termin geboren und kam leicht und wohlbehalten auf diese Welt.

Emotionale Ebene

Die Kathedrale meines Herzens

Susanna berichtet

Ich erinnere mich an einen Abend im Winter 1989, ein kalter und nebliger Abend. Ein Freund nahm mich mit zu einem Meditationszirkel, damals noch ein Fremdwort für mich. Ich gesellte mich zu den etwa zwanzig Männern und Frauen, die auf Matten in einem Kreis saßen oder lagen. Langsam wurden wir still und lauschten der in unserer Mitte sitzenden Frau.

Zunächst beruhigten wir unseren Atem und dann lenkten wir unsere Aufmerksamkeit zu unseren Herzen. Die Leiterin stellte gute Fragen: „Wie sieht euer Herz aus, wie fühlt es sich an, könnt ihr euer Herz hören?" Meine Antworten waren weniger gut: An der Stelle, wo ich anatomisch mein Herz vermutete, konnte ich nur ein dunkles Loch wahrnehmen, ohne irgendetwas dabei zu hören oder zu fühlen. Ich war erschrocken und fühlte mich miserabel. Gleichzeitig war meine Neugierde geweckt. Wieso konn-

ten die anderen Teilnehmer so wunderbare Bilder von ihren Herzen wahrnehmen und ich nicht?

Es bedurfte später mehrerer EKT-Sitzungen mit Anne, um den Kontakt zu meinem Herzen herzustellen.

„Mein Herz, ich spüre dich," schlug Anne vor. Nichts. Ich spürte gar nichts. „Wenn du mit deiner Aufmerksamkeit zu deinem Herzen gehst, was nimmst du dort wahr?", so lautete ihr nächster Versuch. Nur ein dunkles Loch konnte ich sehen. „Dunkles Loch, was kann ich für dich tun?" „Lass Licht in mich hinein", sagte das Loch. Ich bat um Licht und nahm wahr, wie es das Loch in meiner Brust füllte. Endlich hatte ich einen Zugang zu meinem Herzen gefunden.

Im Laufe der nächsten Begleitungen wurde das Loch in meiner Brust zu einem Kapellchen.

Später verwandelte es sich in eine riesige, wunderschöne Kathedrale, in der alle meine Vorfahren, alle meine Verwandten und alle meine Freunde beieinander saßen. Die Fenster der Kathedrale waren besonders schön, ganz aus bunten Butzenscheiben, sie ließen das Licht in allen Farben in das Kirchenschiff fluten. Nachdem ich nun mein Herz innerlich sehen konnte, war es mir auch möglich, es zu fühlen. Ich konnte meinen Herzschlag wahrnehmen und spürte eine wohlige, strahlende Wärme in der Mitte der Brust.

Angst vor Chemotherapie

Eine Klientin, Jodie, bat um eine EKT-Begleitung. Bei ihr war sechs Wochen zuvor Brustkrebs diagnostiziert worden. Sie war daraufhin operiert worden und die Chemotherapie sollte in einer Woche beginnen. Sie hatte Angst vor den Infusionen und deren möglichen Nebenwirkungen.

Nach den Worten „Angst, ich spüre dich", sagte sie: „Die Angst ist nicht an einer Stelle, ich fühle sie im gesamten Körper. Sie ist nicht still, sie bewegt sich überall in meinem Körper." Obwohl ihre Angst keine Form bekam, sondern eher ein diffuser Nebel war, konnte Jodie mit ihrer Angst Kontakt aufnehmen. „Meine Angst, was kann ich für dich tun?"

„Du kannst dich auf die Infusionen vorbereiten", gab die Angst zur Antwort.

„Angst, wie kann ich mich vorbereiten?" Die Antwort war diesmal nur ein Wort:

„Beten."

„Wie soll ich beten? Worum soll ich bitten?" Die Antwort kam wiederum sehr schnell:

„Ich bin eins mit Gott."

Sie sollte diese Worte täglich immer und immer wiederholen und die Schwingung dieser Worte in ihrem Körper spüren.

Gleich in dieser Sitzung wollte sie den Vorschlag in die Tat umsetzen. Sie wiederholte mehrfach „Ich bin eins mit Gott" und berichtete anschließend, wie sich das Gebet in ihrem Körper anfühlte: „Ganz".

Sie war verblüfft über die Einfachheit dieses Vorganges. Die Worte „Ich bin eins mit Gott" bewirkten ein Ganzheitsgefühl in ihrem krebskranken Körper.

Jodie bekam ihre Infusionen, hatte aber keine Angst mehr vor ihnen. Auch die Nebenwirkungen der Chemotherapie hielten sich in erstaunlichen Grenzen. Jodie hatte zwar keine Haare auf dem Kopf, aber kaum Magen-Darm-Beschwerden. Sie war selbst überrascht, wie gut sie die Chemotherapie vertrug.

Wut

Eine Begleiterin berichtet:

James kam zu mir und bat mich um eine Begleitung zu seiner Wut. „Ich kann manchmal ganz schön wütend werden, aber ich kann es nicht zeigen. Ich bin nur tagelang wütend, bis es langsam abschwillt."

„Meine Wut, ich spüre dich", sagte ich ihm vor. Er wiederholte es.

„Tut mir leid, aber ich kann jetzt, sozusagen auf Bestellung, keine Wut

verspüren. Irgendwie ist jetzt gerade keine Wut in meinem Körper zu finden."

„Wo ist denn deine Wut jetzt?", fragte ich. „Na, wenn du so fragst, ich kann sie sehen, sie ist direkt vor mir, vor meinem Gesicht."

„Ist ja interessant, wie sieht denn deine Wut aus?" „Wie ich selber. Es ist, als gäbe es mich zweimal, einmal in meinem Körper und einmal

vor meinem Körper. Na, das ist ja vielleicht drollig."

„Deine Wut ist also vor dir und sieht aus wie du?" „Ja."

„Dann sag doch mal: ‚Meine Wut, ich liebe dich.'" James wiederholte meine Worte. „Na, jetzt wird es noch witziger. Die Wut ist sofort in mich hineingekommen. Sie ist jetzt in mir und ich kann sie fühlen. Sie ist heiß, rot und in jeder Zelle."

„Meine Wut, was kann ich für dich tun?" „Ich wollte, dass du mich fühlst", entgegnete die Wut, „jetzt ist es gut, jetzt kannst du loslassen."

„Meine Wut, ich danke dir und ich lasse dich in Liebe los."

James wurde still.

Ein paar Tränen kullerten aus seinen Augen.

Nach einer langen Stille sagte er: „Ich hatte einen Freund, auf den ich sehr wütend war. Der ist kürzlich gestorben und unser Konflikt war nicht gelöst. Jetzt empfinde ich auf einmal Trauer um ihn, ich muss sogar weinen, obwohl ich eigentlich kaum jemals weine. Danke."

Das halbe Herz

Der nun folgende Bericht zeigt, wie weit Genesung und Heilung auf allen Ebenen möglich ist, wenn wir uns auf uns selbst und unsere Gefühle einlassen.

Eine Begleiterin berichtet:

Herr P., Musiker, groß, gut aussehend, um die 60, kam zu mir, weil er unter starkem Schnupfen litt. Genauer gesagt, lief ihm die Nase ununterbrochen, die geröteten Augen tränten und seine Stimme war belegt. „Können Sie etwas gegen Allergien tun?", fragte er. Ich bejahte. „Lassen Sie es uns versuchen." In der ersten Begleitung sprach die Nase zu ihm und machte ihm einige Vorschläge, die jedoch nach einer Woche nur eine kleine Erleichterung brachten.

In der zweiten Begleitung meldete sich plötzlich und unerwartet sein Herz. „Ich leide, denn ich bin ja nur halb da", sagte es. „Was kann ich denn für dich tun?" „Mach mich ganz", antwortete es. Ich fragte ihn, ob er wisse, was ein halbes Herz für ihn bedeuten würde – und sein Augentränen ging in Schluchzen über. „Natürlich weiß ich das, es gibt eine Geschichte aus meiner Jugend, die ich noch niemandem erzählt habe, aber Ihnen werde ich sie berichten. Vielleicht hilft es ja meinem Herzen", sagte er voller Hoffnung. „Ich war 16 und meine Musiklehrerin 24 Jahre alt, als wir uns kräftig, stürmisch und ganz und gar ineinander verliebten. Es gab keinen Sex zwischen uns, stattdessen lange Gespräche, wir schrieben gemeinsam Gedichte und Liedertexte, die wir miteinander vertonten, wir musizierten stundenlang zusammen, wir waren auf einer „Wellenlänge" und verstanden uns meist ohne Worte. Unsere Liebe zueinander wurde immer intensiver. Meine Eltern, die strikt gegen diese Verbindung waren, schickten mich kurz vor meinem 18. Geburtstag auf ein Schweizer Internat. Handy und Internet waren noch nicht erfunden und die Briefe, die meine Lehrerin mir schrieb, wurden abgefangen, wie ich später erfahren sollte. Nach meinem Abitur besuchte ich die Musikhochschule in einer weit entfernten Stadt. Meine Lehrerin und ich sind uns nie wieder begegnet – ich vermute, dass ihr mein Vater mit einer Anzeige gedroht hatte. Seit dieser Zeit ist mein Herz verschlossen. Ich lebte ein Leben als erfolgreicher Musiker und blieb allein. Ich habe nie geheiratet und habe keine Kinder."

In der nächsten Sitzung erzählte mir Herr P. von seinem letzten Traum, in dem er die Musiklehrerin wieder getroffen hat. Er fragte mich, ob es eine gute Idee sei, sie zu suchen. Ich schlug vor, auch hier die EKT anzuwenden. Er könne sich seine Lehrerin doch vorstellen und in seiner Imagination mit ihr Kontakt aufnehmen. Die Lehrerin erschien ihm vor seinem geistigen Auge: „Was kann ich für dich tun?", begann

er die Kommunikation. Als Antwort legte sie ihre Hand sanft auf sein zerbrochenes Herz. Sie sang ein Lied dazu, das sie damals beide komponiert hatten. Diese Begleitung hat ihn zutiefst berührt.

Als Herr P. zur nächsten EKT-Sitzung erschien, berichtete er als Erstes, dass er seine ehemalige Musiklehrerin im Telefonbuch seiner alten Heimatstadt unter ihrem Mädchennamen gefunden hatte. Nun traute er sich aber nicht, sie anzurufen. Hier half ihm wieder die EKT: Während unserer Begleitung sprach sein Herz eine Botschaft an sie. Er schrieb sie auf und sandte ihr einen Brief. Schon nach einigen Tagen erhielt er eine Antwort. Sie telefonierten, sie trafen sich. Sie erzählten sich gegenseitig ihr bisheriges Leben. Dabei öffneten sich ihre Herzen, sie konnten ihre alte Vertrautheit wieder herstellen und sind jetzt in der Lage, sich freundschaftlich nahe zu sein.

Herr P. nahm insgesamt an zehn Sitzungen teil, in denen sein Herz immer mehr heilen konnte.

Nach einem Jahr war das Herz von Herrn P. gesund, und er lernte eine Frau kennen. Sie verliebten sich ineinander und leben seit acht Jahren zusammen. Seine allergischen Beschwerden, der Grund seines ersten Besuches, sind nicht wieder aufgetreten.

Mentale Ebene

Die Transformation der Angst

Die Angst ist ein häufig behandeltes Problem in der EmotionalKörper-Therapie. Und hier – ähnlich wie bei dem Thema Schmerz – melden sich die unterschiedlichsten Formen von Angst zu Wort, angefangen bei den kleinen Sorgen und Ängstlichkeiten über das Lampenfieber bis hin zur Existenzangst, den Phobien oder der Angst vor dem eigenen Tod.

Als Beispiel will ich (Susanna) eine kleine Angstepisode aus meinem Leben berichten:

Manchmal mache ich mir Sorgen um meine Finanzen. Es war wieder so ein Tag, der Bankauszug sah nicht rosig aus, die Versicherung war fällig und meinem Mann wurde an diesem Tag sein Auto geklaut.

Ich steigerte mich in meine Geld- und Überlebensängste hinein. Anne und meine amerikanische Freundin Patricia waren nicht zu erreichen, so beschloss ich eine EKT mit mir selber durchzuführen.

„Meine Geldsorgen, ich spüre euch." Sie saßen in meinem Rücken und drückten gewaltig gegen meine Wirbelsäule. Dann kam eine Stimme: „Du hast eigentlich keine Geldängste, was du hier spürst, ist deine Geldverantwortung. Du nimmst die Dinge zu ernst und zu wichtig."

Es stieg ein Bild in mir auf, das erste Büro meines Vaters. Mein Vater war Steuerberater und in seinem Büro stand ein gewaltiger schwarzer Aktenschrank. Mit meinen sechs Jahren erschien mir dieser alte Schrank riesig. Deutlich erkannte ich, dass meine „Geldverantwortung" mit meinem Vater zusammenhing. Geldverantwortung und Vater waren gekoppelt, und ich hatte jetzt die Gelegenheit, beide zu entkoppeln. So begrüßte ich zuerst meinen Vater: „Vati, ich begrüße dich, ich liebe dich." (Mein Vater ist seit dreißig Jahren tot.) Ich konnte ihn nur vage erkennen, er lächelte. Dann sprach ich mit der Geld-

verantwortung: „Ich danke dir, was kann ich für dich tun?" Die Geld-
verantwortung antwortete: „Gib dich dem Strom des Lebens hin."
Diese Antwort berührte mich so sehr, dass ich weinen musste.
Mein Vater hatte mir als Kind oft gesagt: „In der Mitte des Stromes
fließt der Fluss am schnellsten", und er hatte mir geraten, in der Mitte
zu bleiben und mich von dem Strom durchs Leben tragen zu lassen.
In den folgenden Tagen meditierte ich mehrfach mit der Affirmation
„Ich gebe mich dem Strom des Lebens hin", und zu meiner großen
Freude verflogen meine Ängste ums Geld.

EKT im Gespräch

Eine Kollegin berichtet: Ich bin
Psychologin und zu mir kam eine
Frau in die Beratungsstunde, die
als Verkäuferin mehrmals überfallen worden war. Sie wollte von
mir beruflich beraten werden, da
sie nicht mehr als Verkäuferin arbeiten konnte. An diesem Tag ging
es ihr sehr schlecht. Auslöser war,
dass ihr von ihrem Arbeitsvermitt-
ler eine Stelle als Verkäuferin ange-

boten wurde. Daraufhin verspürte sie Druck, diese Stelle annehmen
zu müssen und bekam starke Albträume. Sie konnte mehrere Nächte
lang nicht schlafen.

Während der Beratung machte ich die Frage, welches Gefühl domi-
nieren würde, zum Thema, und die Frau sagte prompt: „Angst im
Bauch". In dem Moment wandte ich die EKT an: „Sie können jetzt sagen: ‚Angst, ich spüre dich'." Sie tat es bereitwillig. „Angst, es ist gut,
dass du dich so deutlich zeigst", „Meine Angst im Bauch, ich nehme
dich in Liebe an", „Meine Angst im Bauch, kann ich etwas für dich
tun?"

Der Bauch sagte sehr klar und deutlich: „Ich will nie wieder überfallen werden und Todesangst haben. Ich muss nicht als Verkäuferin
arbeiten. Ich mache das nicht."

Im Laufe des EKT-Gespräches konnte die Frau sehr deutlich sehen,
dass die Angst im Bauch ihren Sinn hatte: Sie wollte sie vor der Gefahr beschützen, als Verkäuferin wieder überfallen zu werden. Sie
konnte der Angst sogar danken. Dabei atmete sie tief ein und aus
und entspannte sich vor meinen Augen.

Am Ende ging es ihr viel besser und sie war sich absolut sicher, dass
es das Beste für sie sei, die Stelle als Verkäuferin abzulehnen. Ich hatte die Erfahrung gemacht, dass die Methoden der EKT auch im Gespräch funktionieren können.

Ich entließ meine Klientin mit zwei Vorschlägen: Sich beruflich neu zu
orientieren und sich mit einer EKT- Beratung zu ihrer Angst begleiten
zu lassen, um sie aufzulösen.

Angst vor Kontrollverlust

Antje kam zur EKT, weil sie seit Jahren Angst davor hatte, sie könne
die Kontrolle über sich verlieren und sich vielleicht etwas antun. Ant-

je sagt von sich, sie sei kein besonders gläubiger Mensch und glaube nicht an Versprechungen, die von manchen Therapeuten gemacht würden. Nun habe sie gehört, dass sie in der EKT jederzeit „Stop" sagen dürfe, wenn sie es wünsche, deshalb wolle sie sich auf diese Methode einlassen.

Nach der Einführung, in der Antje sich entspannen konnte, meldete sich auf die Frage: „Gibt es ein Gefühl, das du wahrnimmst?" die Angst in ihrem Brustbereich. Sie wurde aufgefordert, laut zu sagen: „Meine Angst, ich spüre dich." Sofort verstärkte sich die Angst und breitete sich in ihrem Körper aus. „Meine Angst, ich begrüße dich, danke, dass du dich zeigst." Ein Lächeln huschte über Antjes Gesicht. Die Überraschung darüber, der Angst machenden Angst noch mehr Aufmerksamkeit zu schenken, statt sie jetzt anzugreifen oder wegzuschicken, war deutlich. Nun sollte Antje zu ihrer Emotion sagen: „Meine Angst, ich nehme dich in Liebe an." Panik breitete sich aus, der ganze Körper war in Aufruhr, sie erlebte Todesängste, sie glaubte zu sterben.

Die Begleiterin saß still neben ihr und schickte ihr ihre ganze Liebe in dem Vertrauen, dass sie Antje durch ein Gewitter begleite, das am Ende zur Ruhe kommen würde.

Antje beschrieb die Sitzung anschließend mit ihren eigenen Worten so:

„Ich falle, falle, falle, rückwärts, in die Tiefe, schnell, rasend, es ist furchtbar bedrohlich, es ist stockdunkel, es gibt keinen Halt mehr, ich habe große Angst davor, auf den Boden aufzuschlagen, ich habe Todesangst.

Plötzlich gibt es eine Bewegung und ich drehe mich um, sodass ich vorwärts falle.

Damit verringert sich auch meine bedrohliche Geschwindigkeit.

Nun schwebe, fliege ich sachte, unter mir sehe ich eine wunderbar friedvolle Natur, ich spiele mit dem Wind und probiere Links- und Rechtskurven aus.

Plötzlich bemerke ich, dass Gott mir lächelnd zuschaut. Das berührt mich zutiefst.

Er liebt mich, er sorgt sich um mich. Er schickt mir seine Engel, die einen Kreis um mich bilden und mit mir fliegen. Ich fühle mich geborgen.

Ich sage: ‚Meine Geborgenheit, ich spüre dich', aber seltsamerweise ist sie nur in meinem Kopf, irgendwie geht sie nicht in den Körper hinein.

Es meldet sich mein Bauch mit dem Vorschlag, das Salz der Geborgenheit über meinen Bauchnabel rieseln zu lassen. Es wärmt mir den Unterleib.

Plötzlich sind wieder Engel da und beschützen mich. Sie sitzen um mich herum und jeder Engel hält eine Hand auf meinen Bauch. Mein Herz ist berührt und froh, dass die Engel gekommen sind.

Im Kreise der Engel darf ich loslassen, gemeinsam mit ihnen kontrolliere ich ab jetzt meinen Körper."

EKT als begleitende Maßnahme zur Chemotherapie

Das folgende Beispiel zeigt, wie wir die EKT als Entscheidungshilfe einsetzen können. Außerdem sehen wir an diesem Beispiel auch, wie die moderne Medizin und die EmotionalKörper-Therapie sich gegenseitig unterstützen können.

Vor ein paar Monaten wurde Mary die Diagnose Brustkrebs mitgeteilt. Sie erhielt die üblichen medizinischen Therapien: mehrere Operationen und Bestrahlungen. Jetzt stand sie vor der Entscheidung: Chemotherapie, *Ja* oder *Nein?*

„Sie als Ärztin, was halten Sie von Chemotherapie? Schadet es nicht eigentlich mehr, als dass es hilft?", fragte sie mich. Ich entgegnete ihr: „Mary, diese Frage werde ich dir nicht beantworten, aber ich werde dir dabei helfen, die für dich richtige Antwort in dir, in deiner Seele, zu finden."

Während der ersten Begleitung bat ich sie, sich ihren nächsten Besuch in der Krebsklinik, in der die Chemotherapie durchgeführt werden sollte, vorzustellen. Sie sollte sich alles ganz genau vergegenwärtigen: Ihre Tochter, die sie begleiten würde, die Klinik, mit den schönen Bildern an den Wänden, der leisen Musik, dem gedämpften Licht, den freundlichen, geduldigen Schwestern. Mary konnte sich das alles sehr lebhaft vorstellen und sie fühlte sich sehr unterstützt und sehr geborgen.

Nun bat ich sie, sich die Flaschen mit den Infusionen vorzustellen und wie die Krankenschwester diese Infusion anlegt und startet. Marys Mimik und Körperhaltung änderten sich dramatisch. Das Lächeln verschwand, die Entspannung wich einer Verkrampfung.

Ich fragte: „Mary, was fühlst du jetzt?"

Mary: „Ich fühle, wie das Gift in meinen Arm läuft und mich verletzt."

Ich bitte sie: „Mary, begrüße das Gift in der Infusion."

Mary: „Gift, ich begrüße dich, ich danke dir, dass du für mich arbeitest. Ich liebe dich, was kann ich für dich tun? – Weißt du was, Susanna, du wirst es nicht glauben, aber das Gift *spricht* zu mir."

„Was sagt es denn?"

Mary: „Es bittet mich, ich solle mir des Giftes *bewusst* werden, statt es zu unterdrücken oder zu verdrängen."

„Mary, tue, worum das Gift dich bittet."

Mary: „Gift, ich bin mir deiner bewusst und auch deiner Kraft. – Jetzt antwortet mir das Gift. Es sagt: ‚Öffne dich mir ganz und gar, sodass ich durch deinen Körper hindurchfließen kann, in jeden Winkel, damit ich jede noch so verstreute Krebszelle erreichen kann.'"

„Mary, trau dich, tue genau, worum du gebeten wirst."

Mary: „Gift, ich öffne mich dir ganz und gar."

„Mary, was fühlst du jetzt?"

Mary: „Strömende Wärme und Licht. Ich fühle tatsächlich Licht. Es fühlt sich warm und gut an, aber macht mich auch ein wenig ängstlich, denn es fühlt sich eigentlich an, als ob ich Spinnen erlauben würde, in meinen Körper zu kriechen. Es fühlt sich eklig an, aber gleichzeitig weiß ich, dass diese Spinnen meinen Krebs zerstören werden. Übrigens: Ich hab nur eine Phobie im Leben – und das ist eine Spinnenphobie!"

„Mary, begrüße deine Angst: ‚Hallo, meine Angst vor Spinnen, was kann ich für dich tun?'"

Mary: „Meine Angst sagt zu mir, ich solle das Bild der Spinne transformieren. Na, wie soll denn das gehen?"

„Mary, bitte sprich folgenden Satz laut aus: ‚Ich bitte um Führung und um Unterstützung und um Hilfe, das Bild der Spinnen zu transformieren.'"

Mary tat, was ich ihr vorschlug.

Dann beschrieb sie: „Die Situation hat sich völlig verändert. Jetzt habe ich das Bild und das Gefühl, dass blütenweißes und wärmendes Licht aus meiner Infusionsflasche in mich hineinläuft. Es fühlt sich beruhigend und tröstend an, heilsam und genau richtig."

Marys Züge glätteten sich sichtbar. Sie sank in einen tieferen Zustand der Entspannung.

Nach einer ganzen Weile sprach sie wieder: „Das weiße wärmende Licht hat sich in ein Bild von Gottes Zeigefinger verwandelt. Ich habe Gottes Zeigefinger in meinem Körper gesehen. Vor allem habe ich diesen Finger in meinem Gehirn gesehen. Ich hatte viel Angst vor Metastasen in meinem Gehirn, aber jetzt ist keine Angst mehr da."

Nach diesen Worten ist Mary in einen tiefen erholsamen Schlaf gesunken. Sie schlief circa fünfundvierzig Minuten, ohne sich im Geringsten zu bewegen. Auch ihre Augen waren ruhig. Nach dem Aufwachen fühlte sie sich gestärkt und sehr entspannt. Sie sagte, sie würde sich nun auf ihre nächste Chemotherapie in gewisser Weise freuen, da sie jetzt ganz innen und mit Sicherheit wüsste, dass Chemotherapie die richtige Entscheidung für sie sei.

Zwei Jahre nach ihrer Chemotherapie ging es Mary gut. Sie konnte wieder halbtags arbeiten und die Hochzeit ihrer Tochter ausrichten.

Talentblockade

Frau F. wünschte sich nichts sehnlicher, als malen zu können. Sobald sie aber einen Malblock vor sich hatte, kamen Ängste in ihr hoch und sie war blockiert. Sie und ihre Begleiterin setzten sich gemeinsam mit Block und Stiften an einen Tisch. Nach einer entspannenden Einleitungsphase wurde sie gebeten, den Satz „Mein Block, der mich an meiner Kreativität hindert, was kann ich für dich tun?" zu wiederholen. Frau F. antwortete: „Der Block will nicht sprechen, aber ich habe ein merkwürdiges Gefühl in meiner rechten Hand, so als ob die Hand etwas schreiben wollte." Sie nahm ihren Stift und fing an mit geschlossenen Augen zu malen. Als sie ihre Augen wieder öffnete, begann sie spontan zu weinen, denn ein wunderschöner Engel blickte ihr von ihrem Malblock liebevoll entgegen. Wie sie ihrer Begleiterin anschließend berichtete, ging damit ein langjähriger Traum in Erfüllung, einen Engel malen zu können.

Wir haben hier das Talent des Malens beschrieben. Es ist jedoch als Beispiel zu verstehen für jede Art von Talentblockade, beispielsweise im Sport, bei Legasthenie oder Dyskalkulie, in der Musik, im Tanz, ja sogar beim Kochen.

Spirituelle Ebene

Angst vor Veränderung

Lisa hatte Angst vor Veränderung. Sie fragte ihre Angst vor Veränderung: „Was kann ich für dich tun?" Und die Angst antwortete: „Lass ganz los, lass von allem los. Lass auch von allen deinen Überzeugungen los." Nach anfänglichem Zögern sagte Lisa laut und mutig: „Ich erlaube mir, alle Gedankenmuster in mir loszulassen." Nachdem sie diesen Satz, diese Erlaubnis ausgesprochen hatte, veränderte sich Lisas Energiefeld drastisch, es war, als würde ihr Körper zu einer Batterie werden, die pausenlos Hochfrequenzenergie aussendet. Lisa selbst konnte ihren Körper nicht mehr spüren. Auch Raum und Zeit waren für sie nicht mehr wahrnehmbar, sie war in einer an-

deren Welt. Sie berichtete uns, sie sei über das Ende unserer Galaxie hinausgeflogen und bewege sich jetzt in anderen Galaxien. Am Ende der Sitzung fühlte sich Lisa wieder in ihrem Körper angekommen und meinte zu uns: „Jetzt fühle ich mich ganz sicher und kann allen Veränderungen in meinem Leben freudig entgegensehen."

Der Weg

Eine Klientin berichtet:

„Angefangen hat alles bei Susanna im EKT-Seminar. Von da an habe ich mich auf den Weg gemacht. Auf den Weg hin zu mir, zu meiner inneren philosophischen Künstlerin. Ins Leben. Und auf den Jakobsweg.

Die erste Sitzung mit Susanna öffnete während ihrer liebevollen Begleitung eine Tür in mir, die mindestens fünfundzwanzig Jahre verschlossen gewesen war. Ich ging hindurch und sah mich selbst, mein inneres Kind, meine kleine Kristin, von der ich nicht wusste, dass sie schon immer in meinem Herzen gewohnt hatte. Ich kam in Kontakt mit meinem inneren Kind, ich hörte ihr zu und konnte mit Unterstützung von Susanna meine Ängste und Widerstände überwinden und mit diesem Kind sprechen. Da hat die kleine Kristin plötzlich dagesessen und mich gefragt, oder nein, sie hat eher vorwurfsvoll gesagt: ,Wo warst du denn die ganze Zeit?' Ich habe erst widerwillig mit ihr gesprochen, aber nach einer Weile ging es leichter.

Ich habe während dieser Sitzung in meinen inneren Bildern noch eine grüne Wohnungstür aufgemacht und bin in meine Vergangenheit zurückgelaufen. Vorbei an karmischen Familientragödien, Schizophrenien, Selbstmorden, Isolation und viel Trauer.

Nach der Behandlung bat mich Susanna, jeden Abend eine Hausaufgabe durchzuführen: ,Gehe für ein paar Minuten in Kontakt mit der kleinen Kristin.'

Seit ich dies tue, ist die Kleine immer bei mir, vor allem, wenn ich male, dann kann ich sie in mir fühlen. Außerdem trage ich ein Foto von mir als Kind immer in meiner Brieftasche herum, um mich nicht zu vergessen.

Und dann bin ich im Juli 2007 zum Jakobsweg aufgebrochen. Sechs Wochen gelaufen, 750 Kilometer. Nach sechs Jahren Depression, nachdem ich nicht mehr hatte leben wollen und total hoffnungslos war, wollte ich noch einmal meiner Lebensfreude auf die Spur kommen, sie herausfordern.

Zu Fuß und teilweise barfuß laufe ich über die spanische Erde, die Hitze verbrennt alte, verbrauchte Zellen in mir und drei Liter Wasser am Tag schwemmen, fluten meine Negativität aus mir heraus.

Am Ende bin ich ein anderer Mensch.

Susanna hat mich gefragt, was die EKT in meinem Leben bewirkt hat? Durch die EKT kam ich auf die Idee, den Jakobsweg zu gehen. Dort habe ich wieder zu meiner Kraftquelle gefunden.

Der Weg bewirkte einen großen transformativen Prozess in mir. Zehn Jahre Psychotherapie und stationärer Krankenhausaufenthalt haben weniger erreicht als das, was der Jakobsweg mir in sechs Wochen gab. Mutter Maria ist mit ihrer Liebe allgegenwärtig. Sie kam nicht als Erscheinung, sondern in Form von Menschen, die mit mir den Weg gehen wollten, die mir Geschenke brachten und sich in mich verliebten.

Über den Jakobsweg zu schreiben, ist eigentlich unmöglich. Aber wenn es eine Gemeinsamkeit zwischen ihm und der EmotionalKörper-Therapie gibt, so ist es das: Sie haben mir das Leben gerettet.

Traumdeutung

Es gibt viele Bücher über Traumdeutung und unzählige Interpretationen, was Träume bedeuten könnten. Die EKT macht es uns möglich, in die Symbolik eines Traumes hineinzugehen und ihn in Begleitung „weiterzuträumen". Um nur ein Beispiel zu nennen: Frau H. wurde in einem ihrer Träume von einem riesigen Insekt gestochen und erwachte mit Herzklopfen. Dieser Traum ließ sie tagelang nicht los, bis sie schließlich um eine Begleitung bat. Im Zustand der Entspannung

erinnerte sie ihren Traum und nun sah sie das Insekt wieder. Sie konnte Kontakt mit ihm aufnehmen. „Insekt, ich liebe dich, was kann ich für dich tun?" Kaum hatte sie diese Worte ausgesprochen, verwandelte sich das Insekt in eine weise Fee, die völlig mit Licht umgeben war. Diese Fee sprach zu ihr und überbrachte ihr für sie wichtige Botschaften.

Der Schritt auf die andere Seite

Eine Teilnehmerin berichtet:
„Susanna demonstrierte die EmotionalKörper-Therapie während eines unserer Treffen zur ‚Alternativen Heilkunst'.

Was uns dort gezeigt wurde, beeindruckte mich. Diese Methode schien durch alle Ebenen meines Widerstandes und meiner Abwehr hindurch zu gehen.

Für mich war das im Vorfeld des Seminare alles ein bisschen beängstigend, also hatte es eine Weile gedauert, bis ich mich entschloss, an einem ihrer Seminare teilzunehmen. Selbst an dem Tag des Seminars fühlte ich mich noch unsicher und ängstlich.

Im Seminar erlebte ich dann persönlich eine EKT-Sitzung. Susanna sprach mit ihrer ruhigen Stimme eine Einleitung und nach kurzer Zeit war ich sehr entspannt, ein bisschen so wie im wachen Tiefschlaf.

‚Was fühlst du?', diese Frage kam aus weiter Ferne. Sie musste noch hinzufügen: ‚Sprechen ist einfach', bevor sich bei mir die Worte formten: ‚Ich rieche Äther.' Überrascht öffnete ich die Augen. Ich sah mich um, nichts hatte sich verändert.

Susanna roch keinen Äther, es war beunruhigend. Der Geruch war sehr deutlich für mich und er machte mir Angst, möglicherweise weil er mich an meine Mandeloperation als Kind oder weil er mich an den Geruch meiner Mutter erinnerte, die Narkoseärztin war. ‚Hallo meine Angst, ich spüre dich, willkommen, danke, dass du da bist, ich nehme dich in Liebe an. Was kann ich für dich tun?'

Die Angst sagte: ‚Stirb!'

Ich sagte: ‚Kommt nicht in Frage.' Vermutlich war das die falsche Antwort. Susanna bat mich, um höhere Führung und Unterstützung zu bitten. Das tat ich. Meine innere Stimme meldete sich und sagte, ich solle vertrauen und loslassen und mich ganz einlassen.

Der Äthergeruch wurde stärker, mein Herz fing an zu hämmern. Das war kein Gefühl, es raste tatsächlich. Susanna muss es gefühlt oder gesehen haben, denn sie legte ihre Hand auf mein Herz – Gott sei Dank! –, das hat ein wenig geholfen. Ich dachte schon, ich würde jetzt einen Herzinfarkt bekommen.

Ich dachte, ich würde sterben. Ich hörte auf zu atmen. Kein Widerstand, kein Kampf. Als sich mein Verstand meldete und sagte: ‚Du atmest nicht', hörte ich gleichzeitig den Befehl von Susanna: ‚Kristina, atme weiter.' Und das tat ich dann auch. Meine Güte!

Mein Verstand sagte: ‚Oh, kein Kampf um die Luft – wie merkwürdig.' Kurz danach sah ich in meiner inneren Wahrnehmung etwas, das ich als Wasser beschreiben würde. Es war Wasser, welches sich in kleinen Wellen über Glas bewegte. Es war zauberhaft – wie ein Wasserschleier über einer Öffnung.

Ich versuchte das Gesehene in Worte zu fassen. Es war einfach nur schön.

Susanna fragte: ‚Was ist hinter der Öffnung, was ist auf der anderen Seite?'

Ich antwortete, ich wisse es nicht. Ich hatte Angst, hindurchzugehen oder sogar nur hindurchzusehen. Sie ermutigte mich wieder, um Führung und Unterstützung zu bitten. Das tat ich dann auch. Meine innere Stimme war wieder bei mir und sagte: ‚Komm durch.' Ich ging durch die Öffnung hindurch. Es war himmlisch. Voller Frieden. Nichts – kein Geräusch, keine Farben, keiner da, Leere. Keine Angst. Gar keine Angst. Ich beschrieb diesen Zustand. Susanna wies mich darauf hin, dass ich nun alle Fragen stellen könne, die ich hätte. Ich wusste, dass ich von hier die richtigen Antworten bekommen würde. Und ich bekam sie.

Für mich war dieses Erlebnis zutiefst erschütternd. Seitdem ist nichts mehr so, wie es vorher war. Meine Ängste sind weniger geworden. Ich entscheide mich für friedlichere Dinge. Ich kann Sorgen und Nöte leichter loslassen. Ich fühle mich weniger wichtig für andere und wichtiger für mich selbst. Ich bin ehrlicher und interessiere mich mehr dafür, zu lernen, wie man wirklich kommuniziert. Ich lerne, besser zuzuhören – mit meinem ganzen Sein. Ich beruhige meinen Verstand, sodass ich meine innere Stimme besser wahrnehmen kann. Ich sorge besser für meinen Körper. Ich lerne zu unterscheiden, was wichtig und weniger wichtig für mich ist und welchen Stellenwert Dinge in meinem Leben haben."

Die EmotionalKörper-Therapie in der Sterbebegleitung

Eine Begleiterin berichtet:
„Ernst war sechzig Jahre alt, als ich ihn kennen lernte. Seit drei Jahren litt er an Krebs, ahnte, dass es mit ihm zu Ende ging. Er lebte zurückgezogen in seinem ‚Traumhaus' in der Bretagne. Er bat mich, ihn auf seinem letzten Weg zu begleiten.
Bei meiner Ankunft sah ich einen hageren Mann, der kaum laufen konnte. Er war zu schwach. Trotz Morphium beeinträchtigten ihn seine Schmerzen so sehr, dass er weder sitzen noch liegen konnte, sondern auf einem Sessel hockte. Im Kopf war er völlig klar, sogar zu Scherzen aufgelegt.
Nach unserer ersten Sitzung schlief er sechs Stunden – ein Rekord – denn in letzter Zeit konnte er wegen seiner Schmerzen nie länger als zwei Stunden schlafen.

Nach der dritten Behandlung nahm er wieder feste Nahrung zu sich, nach der sechsten Sitzung kam er die Treppe zum Garten heruntergelaufen und skizzierte den neuen Anbau seines Hauses. Über Tage hinweg konnten wir die Abstände der Morphingaben verlängern, sodass er insgesamt weniger Schmerzmittel benötigte.

Während der zwölften Behandlung nahm er Kontakt zu seinem Kopf auf und beschrieb mir, was er in seinem Kopf wahrnahm. In seinem Gehirn sah es ein bisschen wie in einem Raumschiff aus, Computer, Schalter, Kontrollen, Anzeigentafeln und Messgeräte füllten den Raum. Im Zentrum befand sich ein großes rundes Kontrollgerät mit nur einem Zeiger. Ernst wusste, wozu dieses Gerät benutzt wurde: Es zeigte seine Lebenszeit an.

‚Der Zeiger steht ziemlich weit gegen Tod', sagte Ernst.

‚Kannst du den Zeiger bewegen?'

‚Ja, ich kann ihn genau zur Mitte bewegen, der Mitte zwischen Leben und Tod.'

Ich wollte ihm die Möglichkeit geben, herauszufinden, ob er sich für das Leben oder den Tod entscheiden möchte, und zog mich für drei Tage zurück.

Ganz gleich, welche Entscheidung er treffen würde, er würde meine volle Unterstützung bekommen.

Als wir uns nach den drei Tagen wieder sahen, sagte er: ‚Ich fürchte, ich habe mich gegen das Leben entschieden.'

Von meinen drei Wochen Aufenthalt blieben noch sechs Tage bis zu meiner Abreise, sie verliefen friedvoll. Seine Schmerzen waren nicht mehr so vordergründig. Unsere Sitzungen waren kurz und leise – er wusste, dass er sterben würde.

Am Abend vor meiner Abreise beschrieb er mir ein Zerreißgefühl in seiner Leber. In der Nacht vor meiner Abreise hörte er auf zu atmen – einfach so."

Es geht in der Sterbebegleitung nicht darum, jemanden zu retten oder sein Leben zu verlängern. Es geht darum, ihn in Würde sterben zu lassen, bewusst, im Frieden mit sich und der Welt und mit so wenig Schmerzen wie möglich. Die EKT ist uns dabei eine große Hilfe.

Alle Ebenen

Die Pianistin

Als besonders wirksam und lebensverändernd hat sich die EKT erwiesen, wenn sie regelmäßig über einen längeren Zeitraum angewandt wird. Im folgenden Beispiel möchten wir von der stetigen Transformation einer Depression berichten. Dieses Beispiel demonstriert außerdem die Vielfältigkeit der Anwendungsgebiete in der EKT. Die Klientin hatte eine Vielzahl von verschiedenen Problemen auf verschiedenen Ebenen und mit Hilfe der EKT konnten alle diese Probleme angesprochen und bearbeitet werden.

Frau P. ist siebenunddreißig Jahre alt und begnadete Pianistin. Begnadet vielleicht deshalb, weil sie so unbegrenzt in ihrem Können ist und von Klassik über Jazz bis zu den Beatles alles auf ihrem Klavier spielen kann. Sie ist befristet bei einem Orchester angestellt, lebt allein und verbrachte die letzten drei Jahre hauptsächlich damit, zusammen mit einer befreundeten Kollegin eine Oper zu schreiben.

Als sie zu mir kam, war sie schwer depressiv, entwickelte keine neuen Ideen mehr und war mit ihrer befreundeten Kollegin hoffnungslos zerstritten. Die Oper drohte zu platzen. Zudem litt sie seit ihrer Kindheit unter einer leichten Lähmung in ihrem rechten Bein – ihre Eltern meinten, es handele sich um den Rest einer Kinderlähmung –, die ihr zusehend mehr Schmerzen bereitete. Es gab noch ein weiteres, für mich sehr viel gravierenderes Symptom: Frau P. wachte häufig nachts vor Todesängsten auf. Ich bat Frau P., über unsere Sitzungen Tagebuch zu führen. Bei dem Folgenden handelt es sich um Auszüge aus diesen Berichten.

Die von mir (Susanna) vorgenommenen Kommentierungen werden zur Unterscheidung kursiv gesetzt.

1. Sitzung

Das ist meine Erfahrung der letzten Monate: Ich will ein Projekt aufbauen, aber alles, was ich investiere, wird mir wieder entzogen. Mit meiner linken Seite baue ich auf, auf der rechten Seite fließt alles aus mir heraus, zerstiebt zu Staub. Vielleicht gibt es eine Seite in mir, die mich selbst sabotiert.

Während der ersten Sitzung kam ich in Kontakt mit meinem Widerstand. Er wohnte in meiner rechten Körperhälfte und hat mich beschützt. Widerstand war mein Überlebensmittel als Kind. Der Widerstand, das Suchen nach dem anderen und der anderen, haben es mir ermöglicht, einen eigenen Weg zu gehen. Von klein auf habe ich mich mit den „Feinden" meines Vaters befreundet. Ich habe mich immer zu dem hingezogen gefühlt, das nicht angepasst war, das widerständig war. Allerdings habe ich dadurch auch nie einen Ort gefunden, an dem ich zu Hause war.

Diesem Widerstand konnte gedankt werden für all seine Bemühungen, er konnte dafür geliebt werden und wurde transformiert in eine frei fließende Schwingung.

Nach dem Satz: „Meine Depression, was kann ich für dich tun?", kamen einige Bitten der Depression. Eine der Bitten lautete: „Du brauchst mehr Licht, mehr Tageslicht, versuche eine hellere Wohnung zu finden."

Frau P. hatte eine Menge logische Einwände gegen eine hellere und möglicherweise größere Wohnung, vor allem finanzielle Einwände. Trotzdem war sie bereit, „sich mal umzuhören", ob denn irgendwo eine helle Wohnung frei würde.

2. Sitzung

Frau P. ist sehr unausgeglichen und hat das Gefühl, dass eine Menge in ihrem Inneren in Bewegung geraten ist.

Ich erzähle Frau Dr. Lübcke von meinen nächtlichen Todesängsten.

Ich komme relativ häufig nachts in einen Bereich von Todesangst, aus der ich kaum herausfinde. Die Todesangst liegt mir in der Mitte der Brust. Dort befindet sich ein Bereich des Nichtseins, eine Höhlung, ein ausgesparter Raum, ein schwarzes Loch. Vor Jahren hatte ich dort noch das Empfinden, eine Bombe sei an diesem Ort deponiert.

Frau Dr. Lübcke bat mich, mich hinzulegen. Sie legte ihre Hand auf die Mitte meines Brustkorbes und ich fühlte, wie Wärme den leeren ausgesparten Raum des Herzchakras ausfüllte. Sie bat mich, Kontakt aufzunehmen mit dem schwarzen Loch und dann zu fragen: „Leerer Ort, was kann ich für dich tun?" Meine inneren Bilder ließen mich erkennen, dass das Loch am Eingang des Herzchakras mit einer offenen Stelle am Ausgang des Herzchakras korrespondierte. Ein Kanal verband die beiden Öffnungen. Mir wurde bewusst, dass es ein Schusskanal sein musste und vor meinem inneren Auge trat ein Kind in Erscheinung, das von einem Soldaten eine Pistole an die Brust gesetzt bekam. Die Welt explodierte, als der Soldat abdrückte, aber ich fühlte es nicht.

Aus unserer Erfahrung mit solchen drastischen und grausamen in-
neren Bildern können wir sagen, dass diese Bilder nicht „durchlebt"
werden müssen, um zu wirken. Sollte der Klient in einen Zustand der
Angst oder Aufregung geraten, so hilft der Satz: „Ich bin bei dir. Es
sind innere Bilder, die du siehst, es ist nicht real. Du bist in diesem
Zimmer, auf dieser Liege und ich bin bei dir." Und wenn das noch nicht
hilft, so kann gesagt werden: „Stelle dir vor, du schwebst über der Si-
tuation und schaust sie dir nur an, du bist nicht beteiligt."

Frau Dr. Lübcke bat mich, den Soldaten zu fragen, was ich für ihn tun
könne, und er wünschte sich, dass ihm verziehen wird. Also habe ich
ihm verziehen und ihn in Licht und Liebe gehüllt, bis er aufgelöst war.
Das Kind habe ich ebenfalls in Licht und Liebe gehüllt, bis sich das Bild
auflöste.

3. Sitzung

Es ist erstaunlich, aber seit der letzten Sitzung habe ich nachts keine
Todesangst mehr. Mein Schlaf ist zwar noch gestört, ich wache oft
zwischen vier und fünf Uhr morgens auf, aber das Erwachen in Panik
und absoluter Orientierungslosigkeit hat, zumindest vorläufig, aufgehört. Zusätzlich hilft es mir, der Anweisung von Frau Dr. Lübcke zu
folgen, immer wieder mein Vertrauen zu aktivieren. Die Affirmation
„Ich vertraue" oder „Lebensfreude, ich grüsse dich" hilft mir in diesen für mich schweren Tagen.
Ich erzählte Frau Dr. Lübcke von der Freundin und Kollegin Sophie,
mit der ich seit Jahren an einer „Musikerzählung", wie wir es nann-

ten, einer Oper, arbeitete. Je näher die Realisierung und Konkretisierung unserer Pläne kam, umso schlimmer wurde der Machtkampf, den wir miteinander austrugen.

Es war kein Gespräch mehr möglich, nur noch Anschuldigungen, kein Gespräch darüber, wie der Terror im Außen auch unsere Herzen erfasst hatte. Im Gegenteil, es gab das Gefühl des Scheiterns, des gewaltsamen Abbruchs einer Freundschaft.

Frau Dr. Lübcke bat mich, die Augen zu schließen, mich mit einer höheren Macht zu verbinden, meine Freundin offenen Herzens zu begrüßen und sie zu fragen, was ich für sie tun könne.

Natürlich erwarten wir an dieser Stelle eine Antwort der Freundin in Form von Sprache. Aber die EKT hat uns gelehrt, völlig offen und unvoreingenommen zu sein und alle Antworten zuzulassen.

Als Antwort beginnt mein rechtes Bein zu schmerzen, das Bein, das während meiner Kindheit gelähmt war.

Eine Antwort des Körpers in Form eines Gefühls ist etwas sehr Wahres, Direktes und nichts „Ausgedachtes". Und obwohl es schmerzhaft für Frau P. ist, so freuen wir uns doch, dass ihr Körper mit ihr kommuniziert und sie sozusagen bei der Hand nimmt und sagt: „Hier gehen wir jetzt entlang."

Innere Bilder führen mich in das Dorf, in dem ich aufgewachsen bin. Ich sehe auf die idyllischen Auen und das Schloss. Ich bin im dritten Lebensjahr. Dann sehe ich das Schlafzimmer meiner Eltern und mein daran anschließendes Schlafzimmer, das ich mir mit meinem Bruder teile. Während ich in meinem Bett liege, legt sich eine riesige dunkle Wolke über mich. Sie dringt in meinen ganzen Körper ein, überschattet jede Zelle meines Körpers. Susanna Lübcke ließ mich fragen, was diese dunkle Wolke bräuchte. Sie wollte ins Licht. So bat ich Gott, die Wolke in sein Licht zu führen. Ein Teil der Wolke suchte aber auch einen Weg in die Erde. Und so bat ich die Erde, die verbliebenen Anteile der Wolke in ihren Schoß aufzunehmen.

Nach der Sitzung erinnerte mich Frau Dr. Lübcke an den Teil der Sitzung, in dem ich Sophie nach ihren Wünschen frage und statt einer Antwort Schmerzen im Bein bekomme. Es ist, als würde Sophie etwas mit meinem Bein zu tun haben.

Beim Nachdenken erkenne ich das Muster. Sophie ist oft umgeknickt oder sogar gestürzt. Sie war keine wirkliche Stütze, sondern behinderte die Arbeit oft. Gleichzeitig schätzte ich ihre Qualitäten, ihre Großzügigkeit und ihre Begabung. Ich konnte mir nicht vorstellen, die Oper ohne sie zu schreiben. Sie wusste oft nicht, worin ihre Begabungen lagen, was ihr Anteil an der Oper ist. Im übertragenen Sinn entspricht das meinem Verhältnis zu meinem Bein. Wozu ist ein gelähmtes Bein gut? Die Lähmung war Ausdruck meines Widerstandes gegen den erlebten Missbrauch in meiner Kindheit. Es ist schon verrückt, dass ich unbewusst eine Freundin gesucht habe, die mein unbewältigtes Problem mit meiner Lähmung spiegelt.

Als Kind lag ich ein halbes Jahr im Krankenhaus mit dieser Lähmung, anschließend wurde ich als gesund entlassen. Und doch blieb ein Teil der Lähmung bis heute bestehen.

Seit der letzten EKT-Begleitung sind nun vier Tage vergangen. Ich habe ungeheure Nervenschmerzen im rechten Bein, manchmal Krämpfe.

Gleichzeitig habe ich das Gefühl, es ist etwas Entscheidendes passiert. Teile meines rechten Beines werden wieder wach, wieder lebendig.

Der erste Erfolg, der sich im Außen zeigt: Ich kann am Ende des Monats eine neue, helle, schöne Wohnung beziehen. Da sich der Wohnungsmarkt entspannt hat, ist sie außerdem noch billiger!

Nun wünsche ich mir nur noch eine feste Arbeitsstelle, damit ich Fuß fassen kann.

4. Sitzung

Frau Dr. Lübcke wies mich an, mich vom Schmerz des Beines leiten zu lassen. Während ich liege und die Schmerzen in meinem rechten Bein liebevoll anspreche (was mir nicht leicht fällt), kommen Bilder aus meiner Zeit in einer Jazzband. Besonders das Bild von Jacob, dem Trompeter, erscheint immer wieder. Ich war überrascht, denn ich hatte schon jahrelang nicht mehr an ihn gedacht. Die Geschichte mit Jacob war eine Geschichte der Überschreitung meiner Grenzen. Unsere Beziehung hatte damals ein ziemlich abruptes Ende gefunden. Eigentlich hatte ich danach nie mehr darüber nachgedacht. Ich fragte ihn: „Was kann ich für dich tun?" Er wollte Vergebung, Licht und Liebe. Ich hüllte ihn darin ein.

Die EKT nimmt mich sehr mit. Ich fühle mich durch die Schwerarbeit, die ich innerlich leiste, erschöpft und nicht leistungsstark. Mein Bein schmerzt immer noch, allerdings gibt es längere schmerzfreie Phasen. Nach der letzten Sitzung spürte ich, wie sich alle meine Rückenwirbel neu ausrichteten. Es war ein überraschender und schmerzhafter

Prozess, aber dadurch konnte ich den Rest der Nacht auf dem Rücken liegend schlafen, das war schon Jahre lang nicht mehr möglich.

5. Sitzung

Die Schmerzen im Bein sind mehr oder weniger verschwunden. Das rechte Bein fühlt sich von innen her nicht mehr gelähmt an. Das ist wie ein Wunder. Es ist noch etwas schwächer als das linke Bein, aber es fühlt sich nicht mehr wie etwas von mir Getrenntes an.

Nach der Erfahrung der letzten Stunde erinnere ich mich an eine weitere Begegnung, in der meine Grenzen von einem Mann missachtet wurden. Schon bei der „Begrüßung" – „Martin, ich begrüße dich und danke dir, dass du gekommen bist" – spürte ich Enge in meiner Brust. Nach dem Satz „Enge, ich spüre dich" konnte ich die Enge auch in einem inneren Bild wahrnehmen. Ich befand mich in einem Tunnelsystem. Der Tunnel ging im-mer weiter geradeaus, ohne dass ein Ende des Tunnels in Sicht gewesen wäre. Mit Frau Dr. Lübckes Hilfe bat ich um Führung und Unterstützung. Jemand, ein Engel, mein Schutzengel oder Jesus, legte seine Hand in meine rechte Hand. Einen Körper konnte ich allerdings nicht erkennen. Ich spürte die Begleitung in meinem ganzen Körper.

Aber mein Kopf wollte immer wieder ausweichen, sich auf den langen Weg durch den Tunnel nicht einlassen. Ich ging trotzdem weiter. Plötzlich beschrieb der Tunnel einen 90-Grad-Winkel nach oben. Er bekam die Form eines Schlotes und ich stand am Fuß des Schlotes auf seiner Innenseite. Mit Mühe konnte ich eine Steigleiter erkennen, auf der ich den mühsamen Aufstieg in Angriff nehmen konnte. Endlich sah ich das Licht am Ausgang des Tunnels. Schritt für Schritt kletterte ich nach oben, auf das Tageslicht zu. Ich befürchtete, dass ich am Ende des Schlotes herauskommen und es von dort keinen Abstieg geben würde. Doch überraschenderweise fand ich mich am Ende des Schlotes auf einer weißen Bergspitze vor.

Von dieser Bergspitze aus blickte ich sofort wie gebannt ins Tal und wusste nicht, wie ich in die Dörfer am Fuße des Berges hinabsteigen könnte.

Frau Dr. Lübcke machte mich darauf aufmerksam, dass ich mir doch erst einmal den Berg ansehen und mich hier oben umsehen sollte, bevor ich schon wieder an das Tal und den Abstieg denke. Sie sagte, das Weiß des Berges stehe für Unschuld, Unberührtheit, für Reinheit und Heiligkeit. Viele Religionsführer hätten auf einem Berg ihren Auftrag erhalten. Der weiße Berg symbolisiere den Berg der Weisheit.

Es ist selten, dass ich jemanden in seinen Bildern unterbreche. Hier hatte ich so etwas wie eine Eingebung. Durch einen Tunnel zu kriechen und im Licht wieder herauszukommen, ist wie in einer anderen Dimension anzukommen, in einem anderen Zustand, einem weiteren Horizont.

Ich ließ mich also auf dem Berg nieder. Und dann begegnete mir meine Muse. Ich kann es nicht anders ausdrücken, ein engelsgleiches Wesen, mit einer noch nie gehörten Stimme. So klar, so rein, so aus dem Herzen, dass es mich zu Tränen rührte. Und auch die Melodie hatte ich noch nie gehört, werde sie aber nie vergessen. Das war wohl das schönste Geschenk, das ich je erhielt.

Der Weg in die inneren Bilder endet mit einer besonderen Erfahrung: Ich fühle mich wie eine runde Scheibe aus Licht. Alles in mir ist Licht und in mir singt ein Engelschor: „All ihr Völker, lobet den Herrn".

6. Sitzung

Seit Tagen leide ich unter nervösen Magenschmerzen. Ich somatisiere so vor mich hin. Eigentlich geht es mir seelisch besser, aber mein Körper schmerzt. Tagsüber esse ich zu viel und nachts liege ich im Bett und kann nicht schlafen. Mein Magen fühlt sich an wie ein Meer, das alles ausspucken will. Gleichzeitig drückt der Magen gegen seine Wände, es ist kein Vergnügen. Ich schlafe zu wenig, ich fühle mich krank.

Mit Frau Dr. Lübcke möchte ich mir diesen Magen und meine Esssucht ansehen. Ich nehme mit ihrer Unterstützung Kontakt auf zu meinem Magen. Er fühlt sich wie ein Sack in meinem Bauch an, gleichzeitig liegt er da wie ein Embryo. Er ist schwarz, verknotet. „Sack in meinem Bauch, was kann ich für dich tun?"

Vor meinem inneren Auge erscheint der Bettler, der mich vor einigen Tagen nach dem Weg gefragt hat.

Den Bettler hatte ich in der U-Bahn getroffen. Es war eine unangenehme Begegnung. Er hatte eine sehr negative Ausstrahlung. Ich wich vor ihm zurück und reagierte konfus auf seine Frage nach dem Weg. Zufällig traf ich diesen Bettler in derselben Woche noch einmal. Er saß auf der Straße und bettelte. Ich machte einen großen Bogen um ihn.

Frau Dr. Lübcke fragte mich, was der Bettler bräuchte. Meine Antwort war: „Er ist sehr bedürftig, hungrig nach Liebe, wie ein Fass ohne Boden, und vernachlässigt. Er repräsentiert die vernachlässigte Seite in mir."

Frau Dr. Lübcke bat mich, den Bettler in Liebe anzunehmen. Ich schaffe das nicht.

Mit Unterstützung von Frau Dr. Lübcke bitte ich Christus um Hilfe. Christus nimmt in meiner Wahrnehmung dem Bettler den Schmerz.

Frau Dr. Lübcke fragt, was Christus von mir nimmt. Mit einem Mal schießen mir Tränen in die Augen. Die Antwort formuliert sich von alleine: Christus nimmt mir „meine Einsamkeit"; er entfernt meine Einsamkeit aus jeder einzelnen Körperzelle. Meine Einsamkeit ist Teil meiner Person von klein auf. Ich bitte Christus, Licht, Liebe und den Heiligen Geist in die jetzt leeren Zellen strömen zu lassen.

Seit der letzten Sitzung fühle ich mich besser. Auch mein Hunger hat sich einigermaßen gelegt. Ich reagiere allerdings immer noch somatisch. Ich brauche Zeit, all dies zu verarbeiten. Ich liege mit einer Grippe mehr oder weniger im Bett. Ich fühle mich schwach und schwindelig, erlebe es aber als ein Wunder, was in den letzten Wochen in mir und mit mir passiert ist.

Seit Christus meine Einsamkeit wegnahm, haben mich sogar drei Männer angerufen. Das habe ich schon seit Jahren nicht mehr erlebt. Außerhalb meines Arbeitsprozesses habe ich keinen Kontakt zu Männern. Es war keiner dabei, in den ich mich verliebt hätte, aber es ist schon ein großer Fortschritt, dass ich überhaupt mal wieder mit einem Mann ins Gespräch komme.

7. Sitzung

Seit der vergangenen Sitzung beschäftigen mich meine „großen Schwestern". Mir fiel auf, dass ich mir immer ältere Schwestern als Freundinnen gesucht habe. Doch mit allen meinen „großen Schwestern", mit den echten wie mit den angefreundeten, habe ich zur Zeit ein schwieriges bis zerrüttetes Verhältnis. Immer wissen sie alles besser, besonders was meine Person angeht. Sie überschreiten meine Grenzen von Würde und Integrität.

Wir begannen die Sitzung und sofort spürte ich Muskelkrämpfe in meinem Rücken. Der Schmerz zog sich von der rechten Schulter bis in die rechte Hüfte. Auf Nachfrage gab sich unter diesem Schmerz eine Angst zu erkennen. Frau Dr. Lübcke bat mich, mit dieser Angst in Kontakt zu treten: „Angst, ich liebe dich." Gemeinsam baten wir wieder Gott/Christus/das Heilige um Beistand und Führung.

In die Schulter flossen Regenbogenfarben. Manchmal stand die Farbe Blau im Mittelpunkt, dann wieder das Grün, das Gelb, das Rot. Dann fragmentiert sich die Farbe, das Grau versucht wieder die Oberhand zu gewinnen. Mit der Zeit lässt der Schmerz nach. Aber der Arm wirkt wie gelähmt.

Plötzlich finde ich mich wieder in meiner eigenen Geburtsgeschichte. Ich stecke mit meinem diagonalen Körper noch im Geburtskanal meiner Mutter. Mein rechter Arm hakt fest. Meine Geburt verläuft schwierig, weil ich mit dem Gesicht zuerst auf die Welt komme. Gemeinsam mit dem Gesicht will der rechte Arm sich aus dem Geburtskanal befreien. Ich verletze meine Mutter.

Frau Dr. Lübcke fragt, warum ich mit dem Gesicht zuerst auf die Welt kommen will. Meine Antwort ist, ich will sehen und begreifen. Ich spüre, dass ich noch heute zur Hälfte im Geburtskanal meiner Mutter festsitze, weil mich Schuldgefühle plagen. Meine Mutter hat mir immer vermittelt, was ich ihr schon während der Geburt angetan habe. Ich glaube, diese Schuldgefühle haben mein Verhältnis zu Frauen geprägt. Ich übernehme immer die Verantwortung für „ältere Schwestern". Ich habe fast ausschließlich Freundinnen, die zu Hause in der Geschwisterfolge die Ältesten waren. Ich gebe diesen Schwestern alles, was ich habe: Ich teile mit ihnen meine Kreativität, mein Wissen, meine Erkenntnisse etc. In der Regel vermitteln sie mir, dass sie schon alles selbst wissen. Sie eignen sich meine Themen und meine Geschichten an und glauben, es seien ihre eigenen. Meine ältere Schwester beispielsweise nimmt mir oft meine Lebensenergie und gibt mir dafür ihre Depressionen. Ich beschenke sie ideell, sie beschenkt mich materiell. So verläuft das Muster.

In der Sitzung mit Frau Dr. Lübcke wird mein Arm frei, als ich merke, ich brauche das Muster nicht mehr zu leben. Allerdings muss ich erst noch den Geburtsprozess beenden. Mein rechter Arm hat das Bedürfnis, sich aus dem Geburtskanal hinauszubewegen. Ich befreie meinen ganzen Körper aus dem Geburtskanal meiner Mutter. Nachdem ich mich herausgeschält habe, verspüre ich den Wunsch, mich umzudrehen und die Wunde meiner Mutter zu heilen.

Ich lasse die heilende Energie Gottes durch meine Hände fließen. Ihre Wunde heilt. Ich selbst stehe jetzt auf meinen eigenen Füßen. Noch verspüre ich leichte Schmerzen in meiner Schulter, aber insgesamt kommt mehr Bewegung in meine rechte Seite.

Zwei Wochen nach dieser Sitzung bekam die beste Freundin von Frau P. ein Baby und Frau P. durfte bei der Geburt anwesend sein, da sie die Patentante werden sollte. Sie sagt, dass sie nach dieser Geburt das Gefühl hatte, wiedergeboren zu sein.

Ihre Depression ist fast ganz verschwunden, das Komponieren geht wieder, und das Orchester, bei dem sie nur einen befristeten Vertrag hatte, hat diesen Vertrag um ein weiteres Jahr verlängert, sodass sie vorerst keine finanziellen Probleme mehr hat.

Mit Sophie, ihrer Freundin und Kollegin, konnte ein Treffen mit einer Mediatorin vereinbart werden. Zwar zu den Bedingungen von Sophie, aber immerhin. Bei diesem Treffen war eine Aussöhnung nicht mög-

lich, aber Sophie erklärte sich bereit, aus der gemeinsamen Jazzgruppe auszutreten, und sie gab Frau P. den Segen für die Oper und zog sich aus dem Projekt ganz zurück, sodass sie jetzt aus dem Leben von Frau P. verschwunden ist und keine Bedrohung und keine Blockade mehr darstellt. Für Frau P. bedeutet dies zwar eine Trennung, aber auch eine Befreiung und sie traut sich jetzt auch zu, die Oper alleine zu beenden.

An dieser Stelle haben wir die Therapie beendet, da Frau P. wieder auf eigenen Füßen steht und festen Boden unter sich hat.

Ein ganzes Jahr ist seitdem vergangen. Die Veränderungen im Leben von Frau P. gingen weiter. Ihr wurde eine Dauerstellung in Süddeutschland angeboten, die sie annahm. Sie lebt jetzt in einer Kleinstadt in einem kleinen Haus und geht ihrer zweiten Passion, dem Garten, nach. Von Einsamkeit und Depression gibt es keine Spur mehr.

Aus dem Alltag

Sind wir mit der EKT vertraut, können wir sie auch in alltäglichen Situationen anwenden. Es bedarf hier nicht unbedingt der Führung durch eine erfahrene Begleiterin, sondern es reicht aus, dem Gefühl, der Emotion oder auch dem Schmerz die volle Aufmerksamkeit zu schenken. Das Prinzip der EKT ermöglicht so häufig auf schnelle und überraschend einfache Art und Weise, Humor und Lebensfreude auch in Situationen zu finden, wo wir sie überhaupt nicht vermutet hätten. Hier ein paar interessante Beispiele dazu.

Die Bügelwäsche

Oft geschieht es, dass wir in der EKT-Sitzung ein Problem transformieren und sich infolgedessen auch die tatsächliche Wirklichkeit des Klienten umgehend ändert. Das folgende überraschende Beispiel mag dies veranschaulichen:

In einem unserer Seminare gab es eine etwas vorlaute Teilnehmerin, die gerne Aufmerksamkeit auf sich zog. Gerade hatten wir die vielen Anwendungsmöglichkeiten der EKT vorgestellt und fragten in

die Runde: „Haben Sie Fragen?", als diese Teilnehmerin wissen wollte: „Hilft die EKT auch bei der Wäsche? Ich hasse bügeln!", und somit lautes und heiteres Gelächter in der Runde hervorrief. Wir fragten sie, ob sie jetzt und gleich mit einer Begleitung vor allen anderen Teilnehmern einverstanden sei, und sie bejahte. Nach der Einleitung baten wir sie, uns alles über

die Situation beim Bügeln zu berichten, in welchem Raum sie sich aufhalte, ob sie Musik höre, ob es sehr viel Wäsche sei und wie viel Zeit sie sich für die Arbeit nähme. Sie berichtete von ihrem Bügelzimmer und ihre Stimme wurde immer zarter, je länger sie sprach. Zum Schluss sagte sie: „Ich muss immer alle Hemden für meinen Mann bügeln, er verbraucht mehrere Hemden am Tag. Er ist nie zu Hause, wir verbringen nie Zeit miteinander. Ich verbringe mehr Zeit mit seinen Hemden als mit ihm. Ich konnte Bügeln noch nie leiden, aber jetzt hasse ich es geradezu, und ich merke, dass ich auch Hass auf meinen Mann habe."

„Mein Hass, ich spüre dich."

Die Begleitung nahm ihren Lauf, unter viel Widerstand und Tränen. Gegen Ende der Sitzung war die Teilnehmerin in der Lage zu wiederholen: „Mein Mann, ich liebe dich."

Bei unserem nächsten Treffen berichtete sie uns strahlend: „Als ich am Dienstag nach unserer Sitzung nach Hause kam, stand mein Mann vor der Waschmaschine. Er hatte alle seine Hemden gewaschen und war dabei, sie aufzuhängen. Und dann sagte er, und ihr werdet es kaum glauben: ‚Weißt du, diese Hemdenbügelei ist doch viel zu viel für dich. Auf dem Weg zur Arbeit ist eine Wäscherei, die machen das schnell und gründlich. Meine Kollegen geben ihre Hemden auch dahin, das kann ich doch mit erledigen.'"

Heißhunger

Sabine reagierte auf Hunger stets mit Kreislaufproblemen, Unruhe und Flatterigkeit. Seit Neuestem wendet sie die EKT bei sich selber an: „Mein Hunger, ich spüre dich." Sofort wird sie ruhiger. Ihre Gedanken kreisen dann nicht länger um „Gleich fall ich um", sondern werden zu: „Das ist doch nicht so schlimm, du bekommst gleich etwas zu essen, das ist doch nur dein Hunger, dein Kreislauf hält schon noch durch." Der Hunger bleibt zwar, aber die gesamte Kreislaufproblematik hat an Dramatik verloren. Es ist, als müsse ihr Hunger nun nicht mehr so laut und deutlich sein. Sie schenkt ihm durch die EKT die nötige Aufmerksamkeit. Ein Nebeneffekt ist, dass ihr Mann sehr froh ist, denn sie fängt bei Hunger keinen unnötigen Streit mehr an.

Meine Ungeduld

Ich (Anne) stehe am Postschalter in einer langen Schlange und rechne mir aus, dass ich hier mindestens dreißig Minuten zu warten habe, bis ich an der Reihe bin. „Meine Ungeduld, ich begrüße dich." Ein Gefühl von Traurigkeit steigt in mir auf, Traurigkeit darüber, mich immer gehetzt zu fühlen, keine Zeit zu haben. „Danke, Traurigkeit, dass du dich zeigst. Was kann ich denn für dich tun?" „Halte inne und nimm die Gelegenheit wahr, die Zeit, die dir durch das Warten geschenkt wird, auszukosten. Schau, wer vor und wer hinter dir steht." Ich beobachte ein nicht mehr ganz junges Pärchen, wie es sich küsst und zärtliche Gesten austauscht, immer und immer wieder, denn sie haben viel Zeit. Ich beginne zu lächeln, es wird mir warm ums Herz. Die Zeit verfliegt wie im Flug. Ich sage „Danke für die geschenkten Glücksmomente."

Kleine Verletzung

Heike setzt die EKT gern bei kleinen Verletzungen ein, die immer so grässlich wehtun, „wo man auf der Stelle losheulen könnte" und sofort Wut auf den vermeintlichen Verursacher dieser Situation bekommt: „Hat die Göre den Hocker wieder im Flur stehen lassen und ich muss mir den Zeh daran stoßen." Heike greift zur EKT: „Mein Schmerz, ich spüre dich." Sofort ist die Spannung weg, sie fängt an zu kichern, sie sagt, die Ausstrahlung des Schmerzes sei sofort unterbunden. Sie drückt es so aus: „Der Schmerz hat dich nicht mehr vollständig im Griff, sondern bleibt örtlich beschränkt. Ich komme schneller in einen schmerzfreien Zustand. Der Ärger über meine eigene Tollpatschigkeit ist verraucht. Die Schuldzuweisung ist auch weg." Somit entlastet die EKT den Organismus und die Beziehung zu anderen.

Dagmar am Telefon

Mein Telefon (Annes Telefon) klingelte und meine Freundin Dagmar, die sich auf Dienstreise befand, rief zitternd von der Autobahn an. „Ich kann nicht mehr weiterfahren, bin bis in meine Grundmauern erschüttert. Mein Sohn rief mich an und erzählte mir, er sei mit Oma

beim Jugendamt gewesen, das ihn darin unterstützen soll, dass er in Berlin bleiben kann, obwohl ich doch wegziehe. Ich bin sprachlos, wie meine eigene Mutter mir so in den Rücken fallen kann."
Sie schluchzte verzweifelt, und mir kam ein Gedanke, den ich ihr sofort mitteilte: „Dann sag doch mal laut: ‚Hallo, Problem, ich begrüße dich, was kann ich für dich tun?'"
Wir mussten beide lachen, und sofort war sie entspannter. Wir sprachen kurz über ihr Problem, sie fand ihre alte Ruhe wieder und konnte weiter nach Berlin fahren.

EKT beim Kaffeetrinken

Johanna und Silvia trafen sich zum Kaffee. Silvia begann von ihrem Problem, dem Ärger mit ihrer Schwester, zu erzählen. Sie steigerte sich in ihren Ärger, und Johanna wollte schon gar nicht mehr hinhören. Um dem Gespräch eine Wende zu geben, bat sie Silvia, den Satz zu sagen: „Mein Ärger, ich spüre dich." Nach der ersten Verwunderung tat Silvia das auch und kam dabei an ihre Wut im Bauch. Ihre Aufmerksamkeit verlagerte sich von der bösen Schwester auf ihre eigene Befindlichkeit. Nachdem sich die Wut in ihr ausgetobt hatte, musste sie herzlich lachen. Die Situation, die vorher problemorientiert gewesen war, hatte sich aufgelöst, das Grundgefühl „Problem" war in ein lösungsorientiertes Gefühl verwandelt worden.
Der Kaffee konnte nun gemütlich von beiden genossen werden.

Zum Schluss

Liebe Leserin, lieber Leser,

Danke, dass Sie so offen waren, dieses Buch zur Hand zu nehmen und zu lesen.

Nun haben Sie unsere Methode der EmotionalKörper-Therapie kennengelernt und können, wenn Sie es wünschen, sofort beginnen, Ihre ersten eigenen Erfahrungen im Alltag damit zu machen. Trauen Sie sich das bitte ruhig zu!

Eine jede neue Entwicklung beginnt mit einem ersten kleinen Schritt. Und eine jede neue Erkenntnis in unserem Herzen verändert unser Denken, Fühlen und Handeln ein wenig.

So kann es sein, dass dieser erste kleine Schritt ganz von selbst geschieht, ganz ohne Absichten oder weitere Vorsätze. Beobachten Sie sich doch einfach in der nächsten Zeit etwas genauer: Vermutlich bewerten Sie die eine oder andere Situation nun anders als zuvor.

Vielleicht werden Sie nur das Wörtchen „Nein" nicht mehr so ohne weiteres über die Lippen bringen, oder Sie gewöhnen sich an, öfter Dankeschön zu sagen.

Es mag sein, dass Sie auf ihre nächste kleine Blessur, wie sie im Alltag manchmal vorkommt, anders reagieren, als sonst und sich sagen: „Schmerz, ich spüre Dich, ich nehme dich in Liebe an".

Vielleicht bekommen Sie überraschend Besuch von einer guten Freundin, die sich in einer Herzensnot an Sie wendet. Statt nach einem gut gemeinten Rat zu suchen, bitten Sie sie vielleicht, einmal zu sagen: „Verzweiflung, danke, dass Du dich zeigst".

So und ähnlich berichten uns Menschen über ihre Anfänge mit der EKT- sie geschehen einfach - ganz unspektakulär und spontan.

Später dann, wenn Sie erfahren haben, wie zuverlässig dieser neue Umgang mit den Gefühlen zu heilen vermag, und wie sehr er unsere Herzen öffnet, verabreden Sie sich möglicherweise mit Freunden, um diese Methode etwas gezielter anzuwenden.

Eine gute Möglichkeit, heraus zu finden, wie die EmotionalKörper-Therapie sich anfühlt und wie Sie wirkt, ist es natürlich, wenn Sie sich an einen erfahrenen EKT-Therapeuten wenden, in dessen Begleitung Sie die EKT zunächst an sich selbst erleben können.

Auf der Internetseite www.emotionalkörpertherapie.de finden Sie weiterführende Informationen zu unserer Methode. Sie können mit uns Kontakt aufnehmen und sich über die Ausbildungsmöglichkeiten informieren.

Uns selbst hat diese Therapie so viel Wachstum, Gesundheit, Lebensfreude und Einsichten in das Leben gebracht, dass wir uns gerne zur Verfügung stellen, diesen Wachstumsprozess mit Ihnen zu teilen.

Herzlichst
Ihre Susanna Lübcke und Anne Söller

Kontakte

Dr. Susanna Lübcke

Ärztin, Allergologin

Charlottenburger Ufer 9

10587 Berlin

Deutschland

Susanna.Luebcke@emotionalkoerpertherapie.de

www.emotionalkörpertherapie.de

Anne Söller

Physiotherapeutin

Bobath-Lehrtherapeutin

Jagowstr. 20

10555 Berlin

Deutschland

Anne.Soeller@emotionalkoerpertherapie.de

www.emotionalkörpertherapie.de

Layout, Satz, Fotografie

Gisela Haase
haase.net services
Buchenweg 53
88690 Uhldingen-Mühlhofen

g.haase@haase.net
www.haase.net

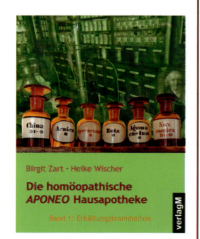